A filosofia americana

FUNDAÇÃO EDITORA DA UNESP

Presidente do Conselho Curador
José Carlos Souza Trindade

Diretor-Presidente
José Castilho Marques Neto

Editor Executivo
Jézio Hernani Bomfim Gutierre

Conselho Editorial Acadêmico
Alberto Ikeda
Antonio Carlos Carrera de Souza
Antonio de Pádua Pithon Cyrino
Benedito Antunes
Isabel Maria F. R. Loureiro
Lígia M. Vettorato Trevisan
Lourdes A. M. dos Santos Pinto
Raul Borges Guimarães
Ruben Aldrovandi
Tania Regina de Luca

Giovanna Borradori

A filosofia americana
Conversações com Quine, Davidson, Putnam, Nozick, Danto, Rorty, Cavell, MacIntyre e Kuhn

Tradução
Álvaro Lorencini

© 1991 Laterza / Agência Eulama
"This translation published by arrangement with Eulama Literary Agency"
Título original em italiano: Conversazioni americane con
W.O. Quine, D. Davidson, H. Putinan, R. Nozick,
A.C. Danto, R. Rorty, S. Cavell, A. MacIntyre, T. S. Kuhn.

© 1998 da tradução brasileira:
Fundação Editora da UNESP (FEU)
Praça da Sé, 108
01001-900 – São Paulo – SP
Tel.: (0xx11) 3242-7171
Fax: (0xx11) 3242-7172
Home page: www.editora.unesp.br
E-mail: feu@editora.unesp.br

Dados Internacionais de Catalogação na Publicação (CIP)
(Câmara Brasileira do Livro, SP, Brasil)

> Borradori, Giovanna
> A filosofia americana. Conversações com Quine, Davidson, Putnam, Nozick, Danto, Rorty, Cavell, MacIntyre e Kuhn / Giovanna Borradori; tradução Álvaro Lorencini. – São Paulo: Editora UNESP, 2003.
>
> Título original: Conversazioni americane.
> Bibliografia.
> ISBN 85-7139-454-7
>
> 1. Filosofia norte-americana 2. Filósofos – Estados Unidos – Entrevistas I. Título. II. Título: Conversações com Quine, Davidson, Putnam, Nozick, Danto, Rorty, Cavell, MacIntyre e Kuhn.

03-1660   CDD-191

Índices para catálogo sistemático:
1. Filosofia norte-americana 191
2. Filósofos norte-americanos 191

Editora afiliada:

Asociación de Editoriales Universitarias
de América Latina y el Caribe

Associação Brasileira das
Editoras Universitárias

A Arturo

Sumário

Nota preliminar   9

O muro do Atlântico   11
Giovanna Borradori

A lógica do século XX   43
Willard van Orman Quine

Visões pós-analíticas   61
Donald Davidson

Entre *new left* e judaísmo   81
Hilary Putnam

Uma anarquia harvadiana   101
Robert Nozick

O alfabeto cosmopolita da arte   123
Arthur C. Danto

Depois da filosofia, a democracia   145
Richard Rorty

Apologia do ceticismo   165
Stanley Cavell

Nietzsche ou Aristóteles?   189
Alasdair MacIntyre

Paradigmas da evolução científica   209
Thomas S. Kuhn

Índice onomástico   229

Nota preliminar

Quando iniciei minhas peregrinações por entre os mundos da filosofia americana, não suspeitava de que os meus "*cahiers de voyage*" se tornariam a base deste livro. Eu pensava que aquelas páginas de apontamentos e de notas, ao lado das inúmeras fitas gravadas, servissem apenas para corroborar alguns julgamentos sobre a história do pensamento americano do século XX, objeto de um volume no qual estou ainda trabalhando para a Editora Laterza. Mas a intensidade e a imprevista organicidade destes nove diálogos com os grandes protagonistas da filosofia de alémmar me convenceram a dar-lhes uma forma autônoma.

A manhã nevosa passada com Willard van Orman Quine e a sua experimentada sabedoria, a abordagem "solar" de Robert Nozick, os colóquios caudalosos com Hilary Putnam e Stanley Cavell – no cenário do mítico Emerson Hall, coração de Harvard – foram momentos inesquecíveis. Como também os passeios com Richard Rorty, sob aqueles pórticos brancos da Universidade de Virgínia, milagre da utopia jeffersoniana; a descoberta do mundo pontual e remoto de Alasdair MacIntyre, encontrado no seu retiro de Notre-Dame, entre as planícies de Indiana, os imprevisíveis serões nova-iorquinos com Arthur C. Danto (freqüentemente na companhia de sua mulher, Barbara); as discussões de vários dias na "townhouse" bostoniana de Thomas S. Kuhn; e finalmente a viagem com Donald Davidson no cenário medieval do Centro Internacional de Estudos Semióticos e Cognitivos de San Marino, onde fomos hóspedes de Umberto Eco.

Para todos vai o meu reconhecimento. Mas quero também agradecer a Aldo Giorgio Gargani o constante e afetuoso encorajamento; a Enrico Mistretta o entusiasmo sempre demonstrado pelos meus projetos; e à Fondazione San Paolo de Turim, que com a sua "fellowship" permitiu-me levar a termo este livro.

Giovanna Borradori

O muro do Atlântico

Giovanna Borradori

Uma nova cartografia

Poucas décadas apenas separam, de um lado, as viagens à Itália de Winckelmann, Goethe e os mestres do classicismo, de outro, a aventura transatlântica de Alexis de Tocqueville, o autor de *A democracia na América*, primeiro manifesto sobre o mito americano. Todavia, uma diferença fundamental os separa. As primeiras eram *grands tours* pela lenda das origens, à procura da matriz sepulta, mas ainda pulsante, da cultura ocidental. A viagem de Tocqueville é uma espécie de *détour*, uma corajosa digressão do centro para a periferia, até tocar "os extremos confins da civilização européia". A América, continente-nação de fronteira móvel, oferece-se ao viajante sempre como margem, sobre cujo abismo se recompõem as linhas de uma história nova.

A novidade desta história atinge em cheio também a cultura filosófica contemporânea, que, assimilada com muita freqüência

A filosofia americana

às vicissitudes européias, raramente foi objeto de tratamentos sistemáticos. De um ponto de vista crítico, faltam as categorias para uma interpretação coerente. Como num quadro cubista, os contornos da imagem parecem desmembrados, dilacerados por uma explosão que não concede retorno: mil perspectivas se superpõem simultaneamente, cada uma sugerida por um simples ponto de vista especialista. Recompor o perfil deste retrato dissociado significa desafiar o "muro do Atlântico", isto é, o diafragma de incompreensão recíproca que durante anos dividiu o cenário filosófico nos dois lados do oceano.

O objetivo deste livro, que se compõe de nove diálogos com alguns dos protagonistas mais emblemáticos da filosofia americana contemporânea, é procurar ultrapassar um "muro", que, diferentemente de muitos outros da Europa passada e presente, é feito de "água". Superar o "muro do Atlântico" não quer dizer então abatê-lo a golpes de picareta, mas reconstruir suas rotas, navegá-lo, habitá-lo.

Justamente por isso foram reunidas as contribuições de autores muito diferentes entre si, de modo a ativar uma conversação entre áreas disciplinares muitas vezes nem sequer comunicantes. Teses de decidida orientação lógico-lingüística, como as de Willard van Orman Quine, Donald Davidson e Hilary Putnam, são estimuladas a confrontar-se com linhas de pensamento mais discursivas e interdisciplinares, como o neopragmatismo de Richard Rorty e a proposta neocética de Stanley Cavell. A teoria do anarquismo pluralista, formulada por Robert Nozick tanto no campo teórico como político, serve de contrapeso ao neofundacionalismo de Arthur C. Danto, em consciente equilíbrio entre discurso filosófico e experimentação artística. A hipótese sobre a sucessão paradigmática das épocas científicas de Thomas S. Kuhn confronta-se com uma das versões mais significativas da agora ampla sensibilidade neo-historicista: a ética das virtudes de Alasdair MacIntyre.

O muro do Atlântico

O convite para realizar a "travessia" nos chega pelos próprios protagonistas do cenário americano e pela novidade de sua mensagem: democratizar o pensamento, explorar a fronteira sutil que separa a possibilidade de uma teoria do fantasma da totalização. Diante dessa filosofia não existe nenhum sistema, mas apenas a abertura para os mundos possíveis e o desafio de uma integração entre eles. Como a viagem de Tocqueville, ela percorre a beira de um abismo: uma fronteira cada vez mais móvel, que hoje, diferentemente do passado, é um novo centro, e não mais a periferia da cultura ocidental.

No curso desse itinerário, foi preciso uma nova cartografia da cultura filosófica americana. De um lado, emergiu um quadro mais orgânico do seu desenvolvimento histórico após a Segunda Guerra Mundial. De outro, aflorou uma tendência de pensamento, ainda amplamente desconhecida, que o cenário americano mais recente compartilha com o debate europeu. Trata-se de uma subterrânea propensão a entender a filosofia em chave hermenêutica, isto é, privilegiando a constante reinterpretação do passado como horizonte fundador do conhecimento.

E se é verdade que o diálogo com a tradição é posto como premissa do progresso intelectual por muitos desses autores americanos, é também verdade que, nesse caso, identificou-se um canal ulterior de comunicação entre os dois lados do Atlântico. Uma rota ainda inexplorada que poderia aproximar, muito mais do que jamais se suspeitou, a filosofia americana contemporânea daquela parcela do debate europeu que vai desde o pós-estruturalismo francês até as muitas versões italianas do pensamento frágil e da hermenêutica pós-moderna.[1]

---

1 A definição da noção de "pós-estruturalismo", em uso sobretudo no panorama americano, é ainda tema de confronto crítico (cf. *Textual Strategies*. Perspectives in Post-structuralist Criticism, org. por Josué V. Harari, Ithaca: Cornell University Press, 1979). Para o conceito de pensamento frágil, cf. *Il pensiero debole*, org. por Gianni Vattimo e Pier Aldo Rovatti (Milano: Feltrinelli,

A filosofia americana

Enquanto para os franceses o ponto de partida permanece o estruturalismo, originalmente entremeado com a problemática heideggeriana da diferença ontológica; enquanto para os italianos é uma linha de reflexão que, partindo de Heidegger e de Nietzsche, engloba um setor inteiro do pensamento centro-europeu do século XX; a tradição a que o pensamento americano se refere constantemente é a da filosofia analítica. Um horizonte de pertença que sugere desenhar o seu perfil sob a forma, também composta, de "pensamento pós-analítico".[2]

1983), e para a noção inclusiva de hermenêutica pós-moderna pode-se fazer referência aos seguintes volumes: Gianni Vattimo, *O fim da modernidade* (Martins Fontes, 2002, 2.ed.); Mario Perniola, *Transiti* (Bologna: Cappelli, 1985); Carlo Sini, *Passare il segno* (Milano: Il Saggiatore, 1981); Franco Rella, *Metamorfosi*: immagini del pensiero (Feltrinelli: Milano, 1984); Aldo G. Gargani, *Lo stupore e il caso* (Roma-Bari: Laterza, 1986) e *Sguardo e destino* (Roma-Bari: Laterza, 1988). Quanto às mais compartilhadas orientações ontológicas e arqueológicas, próprias das outras versões de hermenêutica pós-moderna, estes últimos textos de Gargani recortam um espaço singular, na fronteira entre o rigor teórico e a intensidade da escavação existencial: uma espécie de relato filosófico da alma que transforma a filosofia num novo gênero literário.

2 A noção de "filosofia pós-analítica" foi aventada pela primeira vez pela antologia-manifesto homônima, *Post-Analytic Philosophy* (New York: Columbia University Press, 1985), organizada por John Rajchman e Cornel West. Ela se erige como ossatura de um dos poucos esforços de nova compreensão histórica do panorama teórico dos Estados Unidos. Reunindo textos que vão desde a filosofia da política (Thomas Nagel, John Rawls, T. M. Scanlon, Sheldon S. Wolin) até a teoria da linguagem (Donald Davidson e Hilary Putnam), desde a filosofia da ciência (Thomas S. Kuhn e Ian Hacking) até a estética (Arthur C. Danto, Harold Bloom e Stanley Clavell), a antologia traça o perfil de uma nova comunidade intelectual que toma a iniciativa da reelaboração da imponente herança da filosofia analítica. Apoiando-se no renascimento pragmatista, defendido por Richard Rorty e Richard J. Bernstein, também incluídos no *reading*, a incisiva Introdução (p.IX-XXX) de Rajchman precisa algumas "direções da filosofia americana depois da análise". Entre essas, a emergência de um novo empenho "público" da filosofia; uma tendência geral à "des-disciplinarização", entendida não tanto como "colaboração entre campos especialistas, quanto como a tentativa de criar campos novos" (p.XIII); um renovado interesse pela perspectiva histórica, completamente afastada pela impostação científica própria da orientação analítica.

Este pensamento, sobre o qual se confrontam os protagonistas do livro, ainda não acabou de interpretar uma realidade filosófica, que ao longo de vinte anos mudou a feição do debate americano. Dos anos 30 aos anos 60, da véspera do segundo conflito mundial à Guerra do Vietnã, a filosofia americana deixou de ser um empreendimento interdisciplinar e socialmente engajado para tornar-se uma ocupação altamente especializada. O responsável por essa metamorfose é o movimento analítico. Conotado por precisos problemas formais, hostil a qualquer forma de erudição histórico-literária, ele colocou-se como oposição aberta àquele pensamento europeu, doravante chamado continental, que, se desenvolvendo depois da virada idealista de Hegel, produziu a fenomenologia e o existencialismo, e promoveu a criação de disciplinas de alto conteúdo filosófico como a psicanálise.[3]

Com exclusão da figura de transição de Quine, o pensamento pós-analítico lê o horizonte analítico anterior segundo duas interpretações "cartográficas". A primeira poderia ser descrita como uma viagem introspectiva pelos meandros da identidade analítica, empreendida com base em seus próprios instrumentos lingüísticos. A esse percurso pertencem, entre os autores incluídos nesta coletânea, Davidson e Putnam, que estão mais

---

3 Confirmação dessa tendência à "guetização" da filosofia continental é o fato de que, nos Estados Unidos, a pesquisa de orientação fenomenológica e existencial é promovida principalmente por centros de pesquisa paralelos mas autônomos em relação às estruturas departamentais mais tradicionais. Um exemplo é o centro de Phenomenology and Existential Philosophy, com sede na Northwestern University, que se serve, junto à Northwestern University Press, de um espaço editorial autônomo, apoiado por duas originais figuras "euro-americanas" como James M. Edie e John Sallis. A tradução americana de autores como Edmund Husserl, Maurice Merleau-Ponty, Jean Hyppolite, Mikel Dufrenne e Enzo Paci dependeu quase inteiramente da existência dessa edição. Como é óbvio, no panorama de compartilhada indiferença pelo cenário continental, existem também algumas exceções: entre essas, um bom exemplo é o de Hughes Silverman, que também organizou uma série sistemática de *reading* dedicados à filosofia européia contemporânea.

diretamente ligados à tradição lógica, um filósofo da política como Nozick e um pensador poliédrico como Danto, que estendeu suas áreas de interesse da estética para a filosofia da história. Permanecem porém excluídos muitos outros, entre os quais Nelson Goodman, Saul Kripke, Barry Stroud, Bas van Frassen e Jerry Fodor, ativos sobretudo no âmbito da filosofia da linguagem; Noam Chomsky, histórico iniciador da nova área de estudos do gerativismo; e John Searle, autor de uma das elaborações mais originais da corrente inglesa da filosofia analítica que, em seqüência à obra do tardio Wittgenstein e de John L. Austin, é comumente definida como *ordinary language*.

A segunda visão "cartográfica", ao contrário, é inspirada pela vontade de superar o horizonte analítico. Interrogando os erros e os pecados da análise, e procurando reconstruir uma linguagem e um espectro de referência novos, este segundo eixo deixa emergir filósofos de todos os matizes como Rorty e Cavell, mas não exclui pensadores mais ativos em campos específicos, como a filosofia da ciência no caso de Kuhn e a ética para MacIntyre. Com a separação radical do parêntese analítico, a pesquisa se estende para além das colunas de Hércules: para as margens do significado, da linguagem e da verdade filosófica, vista e criticada na sua função de *passe-partout* dos simples vocabulários disciplinares e humanísticos, políticos e científicos.

A ruptura de todos os horizontes torna essa segunda alma do pensamento pós-analítico apinhada de figuras polimorfas, muitas das quais fatalmente excluídas destes diálogos americanos. Para citar apenas algumas: na constelação neopragmatista, Joseph Margolis e Richard J. Bernstein, que tem a especificidade de um forte interesse pela hermenêutica; entre os filósofos da ciência, Paul Feyerabend e Ian Hacking; e enfim o compacto grupo dos teóricos do Estado e dos pensadores políticos, entre os quais sobretudo John Rawls, fundador do neocontratualismo.[4]

---

4 Esta ala "política" da corrente pós-analítica é tão articulada que mereceria um tratamento específico. Indicações a respeito são dadas na nota 12 com

A fratura analítica

A aventura analítica, iniciada em meados dos anos 30, provocou sobre o corpo da filosofia americana uma verdadeira e real fratura epistemológica, um corte nítido que dividiu em dois o destino da sua história, anterior e posterior. Em seguida às perseguições raciais e políticas do nazismo, um setor inteiro da filosofia centro-européia emigrou para os Estados Unidos após a Segunda Guerra Mundial, estabelecendo-se permanentemente no outro lado do oceano. A filosofia analítica delimita uma área de estudos, de espectro sobretudo lógico e lingüístico, crescida à sombra dessa onda migratória. Compreende autores como Rudolf Carnap, Hans Reichenbach, Carl Hempel, Otto Neurath, Herbert Feigl. Mais particularmente, refere-se a uma pesquisa de orientação neopositiva, vindo em seqüência à implantação em solo americano das idéias e dos autores do Círculo de Viena.

Não há dúvida de que a filosofia americana chegava bastante desorientada àquele encontro histórico, e mais do que nunca aberta à circulação de sangue novo. Os fundadores do pragmatismo de primeiro tipo, Charles Sanders Peirce e William James, estavam mortos havia mais de trinta anos; e até mesmo o mais jovem mestre das suas correlações interdisciplinares e públicas,

---

referência ao debate sobre o liberalismo. Mas já aqui vão citados, pelo menos, Thomas Nagel, Ronald Dworkin, T. M. Scanlon, Sheldon S. Wolin, Roberto Unger, Michael Walzer e, naturalmente, John Rawls. A ausência de Rawls desta coletânea de diálogos não pretende alterar a sua centralidade dentro do contexto pós-analítico. Publicada completamente em 1971, no tratado *A Theory of Justice*, a sua proposta neocontratualista anunciou imediatamente a independência do horizonte moral das preocupações lingüísticas e epistemológicas próprias da pesquisa analítica, revolucionando assim o horizonte da filosofia política (cf. "A Kantian Conception of Equality", *The Cambridge Review*, fevereiro de 1975, p.94-9). Esta afirmação de autonomia recíproca dos horizontes de pesquisa abriu as portas para uma nova dinâmica do debate ético, em cujo contexto podem ser também relidas as contribuições, muito diferentes entre si, de Nozick e MacIntyre.

John Dewey, estava envelhecendo juntamente com Franklin D. Roosevelt e aquele *New Deal* que ele tinha em grande parte inspirado. Ao mesmo tempo, no horizonte de referência pragmatista, era ainda germinal a presença de algumas figuras mais ativas no debate das ciências humanas, como foram, a partir dos anos 50, o psicólogo behaviorista Burrhus Fredric Skinner e Talcott Parsons, o sociólogo funcionalista fundador da teoria dos sistemas sociais.

Nessa atmosfera de ocaso dos grandes mitos, pela primeira vez desde o desaparecimento de Peirce em 1914, começava de novo a emergir um interesse pela lógica, particularmente pelo seu papel fundador em relação à matemática. Inaugurada no fim do século na Alemanha por Gottlob Frege e pelo matemático de origem russa Georg Cantor, precursor da teoria dos conjuntos, tal tendência é definitivamente chancelada por Bertrand Russell e Alfred North Whitehead, na Inglaterra, com a composição dos *Principia Mathematica* entre 1910 e 1913.

A difusão dos *Principia*, graças também ao progressivo delineamento de uma ala logística interna ao pragmatismo, representada pelo harvardiano Clarence Irving Lewis, criou as condições para um intercâmbio com a área de pensamento centro-europeu – austríaco, checo e polonês – designada como positivismo lógico ou neopositivismo. O Círculo de Viena, seu principal momento de agregação, é o nome com que, desde 1922, o filósofo berlinense Moritz Schlick batiza os seus seminários, nascidos no clima das discussões com Hans Reichenbach sobre o significado da teoria einsteiniana da relatividade. Para a definição filosófica do Círculo contribui, em larga medida, o debate sobre o *Tractatus Logico-Philosophicus* de Ludwig Wittgenstein, publicado em 1921, obra fundamental para todos aqueles neopositivistas sucessivamente emigrados para os Estados Unidos.

Em 1932, no auge dessa revolução cultural, desembarca em Viena um jovem americano, Willard van Orman Quine, com todos os títulos em ordem para ser abrigado sob as asas dos grandes mestres austríacos. Pronto a dedicar a vida àquela que acreditava ser a única perspectiva filosófica de relevo, a lógica matemática, Quine havia saído recentemente de um doutorado defendido na Universidade de Harvard, onde estudou sob a orientação de Lewis e de Whitehead, transferindo-se para a Inglaterra já em 1924.

Desde esta primeira viagem de Quine à Europa, a história do Círculo de Viena nunca mais deixou de entrelaçar-se com a da filosofia americana. Depois do assassinato de Moritz Schlick nas escadarias da Universidade de Viena, em 1936, pela mão de um estudante nazista, até os últimos expoentes do positivismo lógico emigraram para os Estados Unidos, apoiando-se nas universidades de Harvard e Princeton, graças à ajuda de Quine na primeira e do matemático Alonzo Church na segunda. Essas duas sedes, ao lado das mais jovens universidades de Berkeley, na Califórnia, e Pittsburgh, na Pensilvânia, permanecem até hoje como os centros propulsores da filosofia de orientação analítica.

A definição de analiticismo sempre se colocou, na América, em aberta contraposição ao pensamento europeu. A oposição entre "analítico" e "continental" é de fato uma das conseqüências historicamente mais relevantes da revoada do positivismo lógico para os Estados Unidos. Renegado o período passado do seu desenvolvimento transcendentalista e pragmatista, que a tinha visto muito engajada na frente pública e interdisciplinar, a partir da Segunda Guerra Mundial a filosofia americana mudou de feição. Em respeito à vontade antimetafísica que tinha impelido os representantes do Círculo de Viena a definir-se mais como "cientistas" do que como humanistas, o pensamento filosófico de além-mar fechou-se à Europa, e sobretudo às muitas correntes de derivação existencialista e hermenêutica, ainda hoje marcadas de obscurantismo e niilismo.[5]

---

5 Um exemplo significativo desse fechamento da América em relação à impostação continental é a malograda construção de um debate, por parte

Mas essa mesma oposição à metafísica, que para o movimento analítico se tornará início de isolacionismo disciplinar e geográfico, nos debates originais do Círculo era vivida de maneira diferente. A metafísica representava o símbolo de uma herança que os futuristas teriam definido como "passadista", isto é, verbosa, incapaz de admitir o alcance filosófico das revoluções científicas que começavam apenas a emergir das sombras: desde a teoria da relatividade de Albert Einstein até o princípio de indeterminação das partículas de Werner Heisenberg. E com a mesma violência com que as vanguardas tinham querido reimplantar os parâmetros da percepção visual e sonora, o positivismo lógico tinha alimentado o sonho de afastar a filosofia das abordagens metafísicas e fundá-la de novo em bases estritamente científicas.

Na convicção de que o simbolismo lógico, elaborado por Frege e pelos *Principia Mathematica* de Russell e Whitehead, fosse o instrumento para a construção de uma linguagem ideal e logicamente perfeita, os autores do Círculo de Viena propunham-se a criar uma "língua universal" da ciência. À formulação desta língua das ciências unificadas era atribuído o papel, filosoficamente primário, de evitar todas as ambigüidades da linguagem comum sobre a qual era impostado o discurso da metafísica moderna, a partir da reação idealista de Hegel contra Kant.

---

dos filósofos "profissionais", em torno de alguns dos mais recentes desenvolvimentos da reflexão hermenêutica francesa e alemã. Autores que hoje na Europa representam pontos de referência obrigatórios da discussão filosófica, nos Estados Unidos permanecem quase desconhecidos: nesse aspecto, são emblemáticos os casos de Emmanuel Levinas e Hans Georg Gadamer, que entrou e saiu quase na ponta dos pés da arena americana. Ao lado desses, ainda está em vigor uma espécie de censura em relação à Escola de Frankfurt e de seus herdeiros. Grande parte do debate em torno da "teoria crítica" e de seus legados foi de fato intercalada por figuras de literatos como Andreas Huyssen, que, em torno da revista *New German Critique*, promoveu a tradução de textos e a produção de fascículos monográficos sobre esses assuntos.

O projeto da *International Encyclopedia of Unified Sciences*, realizado no fim dos anos 30 por Carnap e Neurath, com a colaboração dos americanos Charles Morris e John Dewey, junto à Universidade de Chicago, representa o emblema desse sonho. Composto de uma série de monografias dedicadas por vezes a uma determinada disciplina filosófica, a *Encyclopedia* não visava tanto à construção "do" sistema da ciência quanto à integração dos métodos e dos conteúdos das ciências particulares.

Naqueles anos, o universalismo sobre o qual se projetava o discurso neopositivista foi, porém, pouco a pouco traduzido numa atenção obsessiva para o detalhe lógico. Aos filósofos analíticos de além-mar, os autores do Círculo de Viena deixaram de fato como herança a inabalável certeza de operar sobre um campo estável no tempo e de contornos disciplinares bem delineados, que levou a uma propensão geral mais para o trabalho de minucioso esclarecimento lógico do que para a promoção de mais amplas visões do mundo.

O uso de técnicas rigorosas de exposição e argumentação, de uma escrita estilisticamente asséptica e o mais objetiva possível, pôs fim à era pública da filosofia americana, inaugurada em meados do século passado por Ralph Waldo Emerson, poeta, escritor e pregador da igreja Unitariana, além de mestre do movimento filosófico do transcendentalismo, cujo ponto alto, nos primeiros decênios do século XX, foi o pragmatismo poliédrico de John Dewey.

A recomposição pós-analítica

Do ponto de vista da sociologia do conhecimento, a fratura do movimento analítico sobre o corpo da filosofia americana comportou dois efeitos concomitantes: de um lado, o isolamento da filosofia do intercâmbio com o universo da reflexão humanística;

de outro, o deslocamento de uma parte dos interesses filosóficos para outras disciplinas.

Novas áreas de debate acadêmico, como a teoria textual, o *cultural criticism*, o *gender studies*,[6] nascidas simultaneamente ao fechamento da filosofia dentro das fronteiras da análise lógica, tornaram-se de fato os receptáculos do pensamento europeu ultramarino. E sobretudo de sua fase mais recente que, no contexto das *humanities* americanas, se resume no cenário pós-heideggeriano francês e pós-marxista alemão, e portanto numa plêiade de autores que compreende os filósofos da diferença, entre os quais Michel Foucault, Gilles Deleuze, Jacques Derrida, e alguns dos herdeiros da Escola de Frankfurt, como Jürgen Habermas.

Ocorrido às vésperas da Segunda Guerra Mundial, o desembarque do neopositivismo nos câmpus da Costa Leste deixou então como herança dois fenômenos especulares: primeiro, um irreversível processo de profissionalização científica da filosofia, que se tornou esquiva ao debate público e, mais geralmente, às emergências da história intelectual; segundo, uma progressiva alfabetização filosófica das *humanities*, que levou ao florescimento de novas disciplinas de alta densidade teórica, tornando porém mais literárias as temáticas filosóficas por elas tratadas.

O fechamento anti-humanista da filosofia analítica fez que grande parte do diálogo com o pensamento europeu, de orientação não analítica, fosse mantido por estudiosos de formação literária,

---

6 Esse florescimento de novas disciplinas, que compreende também os *performance studies*, as subdivisões dos *gender studies* em *gay and lesbian theory*, os *women studies*, os *Afro-American studies* e outros ainda, conjugou toda uma parte da reflexão ontológica européia com a temática da alteridade social. Um bom exemplo desse "uso" é o deslocamento da filosofia francesa da diferença, originariamente assimilável à problemática ontológica aberta por Heidegger sobre a inconciliabilidade entre ser e ente, para as "diferenças" oriundas das novas identidades sociais a partir do feminismo e das minorias étnicas.

que trabalharam, justamente com esse objetivo, para a criação de programas e centros de pesquisa interdisciplinares.[7]

Se é possível caracterizar um traço comum à nova inscrição das problemáticas filosóficas – ontológicas, epistemológicas, metafísicas – num contexto estético-literário, ele deve certamente encontrar-se na extensão da noção de "texto".[8] A tradução da filosofia européia num vocabulário "textualista" representa de fato uma realidade do cenário americano contemporâneo, que somente nestes últimos anos começa a ser analisada pelo mais

---

7 Deslocados junto às várias sedes universitárias, esses centros de pesquisa interdisciplinar, embora promovendo grande parte do intercâmbio filosófico entre o Velho e o Novo Continente, permanecem quase imperceptíveis aos olhos dos filósofos de profissão. Entre os muitos atualmente em operação, bastará citar o Center for Twentieth Century Studies da Universidade de Wisconsin, dirigido por Cathleen Woodward e inspirado por uma figura já histórica da teoria literária americana como Ihab Hassan, que é responsável pela promoção de grande parte do debate sobre o pensamento pós-moderno; o Center for the History of Conciousness da Universidade da Califórnia em Santa Cruz, orientado pelo historiador Hayden White, que continua a hospedar inúmeros congressos sobre o "textualismo" e a desconstrução; e finalmente o Center for the Critical Analysis of Contemporary Culture, mais orientado para as ciências humanas e sobretudo as interseções entre filosofia e pensamento sociológico, com sede na Universidade de Rutgers.

8 No debate americano, o conceito de "texto" adquire uma nova centralidade a partir do movimento do *new criticism* simultâneo à Segunda Guerra Mundial. De William K. Wimsatt a René Wellek, a nova crítica devia contemplar a depuração daquela "heresia da paráfrase" que estava na base do interesse meramente conteudístico da corrente neo-humanista, e reconduzir a mensagem poética à sua autonomia e irredutibilidade. Negar ao texto referencialidade e contexto histórico significava dar à crítica uma base de "objetividade" independente do querer-dizer do autor. A negação da intervenção da subjetividade na leitura introduziu na teoria da literatura todo um leque de novas questões filosóficas, semelhante e em parte paralelo ao introduzido pelo estruturalismo na França. O ingresso da filosofia continental nos departamentos de Inglês, Literaturas Comparadas, Línguas e Literaturas Estrangeiras deve ser originariamente atribuído a essa nova centralidade da noção de texto introduzida pelo *new criticism* que, pelos fins dos anos 60, foi suplantado, como corrente crítica, pela desconstrução de matriz pós-estruturalista.

A filosofia americana

amplo horizonte de conscientização aberto pelo pensamento pós-analítico. Em 1980, a publicação de *Consequences of Pragmatism* [*Conseqüências do pragmatismo*] de Richard Rorty agiu como detonador. Hoje, a discussão sobre o verdadeiro e real "muro" que dividiu a filosofia nos dois lados do Atlântico é um tema central do debate teórico, como demonstra a sua recorrência nos diálogos deste volume.

Ao traçar uma nova cartografia do pensamento americano, a densidade filosófica de alguns ramos das *humanities* representa entretanto um fator de confusão. Que não diminui mas aumenta, quando se reconhece o caráter de decidida originalidade de algumas teorias "textualistas". Este é certamente o caso dos *Yale critics*, entre os quais emergem Paul de Man, Geoffrey Hartman e Jay Hillis Miller. Desde o final dos anos 60, é de fato a eles que se deve o ingresso nos Estados Unidos – e a sucessiva e original elaboração – de alguns aspectos do debate sobre a desconstrução, inaugurado na França por Jacques Derrida.

Ao lado dos *Yale critics*, mesmo porque esteve associado ao grupo por um longo período, avulta a figura de outro crítico literário, Harold Bloom, que reviu o alcance ontológico do discurso de Heidegger e de Gadamer à luz da tradição interpretativa da mística hebraica. Finalmente, entre outros mais, Edward Said e Fredric Jameson, que, de maneiras diferentes, propuseram aplicar a chave textualista ao cenário social, traduzindo a temática epistemológica do "outro" (*something else*) para a temática sociológica dos "outros" (*someone else*), cada vez mais imperscrutável pela sobreposição e o cruzamento das minorias étnicas.

Mas o processo de apropriação filosófica por parte das *humanities* implica um quadro problemático diferente daquele, estritamente pós-analítico, de que se encarregam os interlocutores destas conversações. De fato, em torno da noção de texto, concentra-se neles uma interrogação sobre o significado residual da filosofia.

Despojada definitivamente do seu papel de rainha das ciências, ela ressurge sob a nova roupagem, mais democrática, de gênero literário, de escritura entre as escrituras. Voz transcultural, que garante aos pósteros o grande coro polifônico do saber, esta nova versão de humanismo de alta densidade teórica renasce na forma de um pensamento pós-filosófico,[9] no qual o prefixo "pós" sugere a exploração das margens de dissolução do próprio significado histórico da filosofia.

O caso da corrente pós-analítica, que se compõe de autores de estrita formação filosófica, apresenta traços muito diferentes. No centro das suas reflexões permanecem aquelas mutilações que o movimento analítico infligiu ao corpo do pensamento americano. De um lado, privando-o do intercâmbio com a filosofia européia continental; de outro, cortando as pontes com a experiência anterior à Segunda Guerra Mundial, e sobretudo com aquela parábola que vai do transcendentalismo de Emerson aos muitos pragmatismos dos séculos XVIII-XIX, que passam por Peirce, James e Dewey.

A recusa de colocar o trabalho de argumentação filosófica dentro de uma perspectiva histórica qualquer foi um traço distintivo da corrente analítica, e ainda antes do positivismo lógico. Desde a *Philosophy of Space and Time* [*Filosofia do espaço e tempo*], publicada em 1928, que discute o significado da teoria da relatividade, Hans Reichenbach entendia a filosofia como pura epistemologia, atribuindo-lhe a tarefa de descobrir os princípios na base do conhecimento científico por meio da análise lógica. Instrumento conceitual tanto objetivo quanto meta-histórico, o plano de reflexão analítico arrancou a filosofia da consumação do tempo. Protegeu-a da degradação que fatalmente provoca o espetáculo da aurora e do crepúsculo das visões do mundo.

---

9 Esta nova área de debate, que não admite mais nenhuma segmentação disciplinar, integra uma linha mais estreitamente ligada à teoria textual e à desconstrução a um eixo de experimentação estética ancorado nas experiências do pós-modernismo (cf. Giovanna Borradori, *Il pensiero post-filosofico*, Milano: Jaca Book, 1988).

Apenas dois anos depois das declarações de Reichenbach, na *The Transformation of Philosophy* [*A transformação da filosofia*], Moritz Schlik afirmava que, mais do que uma ciência entendida como conjunto de conhecimentos, a filosofia era um conjunto de atos mediante o qual se esclarece o sentido dos enunciados. Com a *The logical Construction of the World* [*A construção lógica do mundo*], Carnap reduzia depois o significado da filosofia à pura análise lógica do discurso científico. Lógica e sintaxe científica vinham assim coincidir num presente sem história que, somente mais de vinte anos depois, alguns autores pós-analíticos, entre os quais sobretudo Kuhn e Rorty, ousaram pôr em questão.

As metamorfoses de Quine

Reclusa entre os muros da análise, entre as poucas disciplinas que permaneceram quase imperceptíveis aos grandes eventos da história do pós-guerra, da Coréia ao macarthismo, a filosofia americana teve que esperar mais de duas décadas por aquela pesquisa pós-analítica que, pela primeira vez, ousou interrogar o seu isolamento. Uma pesquisa conduzida por autores que viveram todos muito jovens o segundo conflito mundial, sofrendo, desde aluno até professor, e justamente durante o período crucial da formação, a influência dos grandes emigrados centro-europeus.

Uma exceção é Quine, figura metamórfica, que conheceu o grupo dos neopositivistas na Europa, quando ainda trabalhavam juntos na sinergia do Círculo de Viena no início dos anos 30.[10] No começo do apogeu nazista, ao chegar de uma América ainda

---

10 A recepção italiana de Quine foi extensa e tempestiva: basta pensar na publicação de "Filosofia ed Epistemologia", organizada por Enrico Mistretta para a Editora Ubaldini, ao qual se devem, já nos anos 60, as traduções de *From a Logical Point of View* e *Logica Elementare*, e Saggiatore, pela qual saíram

arrebatada pela fascinação humanística de Dewey e pelo engajamento no *New Deal*, Quine, na Viena de 1932, pertence àquela série de eventos imprevisíveis que mudam o curso da história das idéias.

Como já foi dito, é a partir desse momento que tem início a filosofia analítica na América. Em seguida à emigração maciça dos grandes lógicos europeus para ultramar e à obra de proselitismo do jovem Quine e de poucos outros, já a partir da segunda metade dos anos 30 a filosofia americana adentrou, e se fechou, no labirinto da pesquisa lógica. Mas como verdadeiro rei do labirinto, Quine mostrou imediatamente sua dupla identidade: uma cabeça de filósofo analítico, guarnecida das mais sofisticadas filigranas lógicas vienenses, implantada sobre um corpo de pensador americano, pragmático e ligado à contraprova experimental.

Então: o último dos analíticos ou o primeiro dos pós-analíticos? Mesmo se para muitos a pergunta permanece um dilema, deixa de ser neste contexto, no qual Quine ocupa o papel-chave de precursor de toda uma geração. É de fato a Quine que se deve a iniciativa da primeira grande etapa do pensamento pós-analítico: uma releitura do positivismo lógico à base de instâncias americanas de matriz pragmatista e behaviorista.

Parola e oggetto em 1970, organizado por Marco Mandadori, e *I modi del paradosso e altri saggi*, em 1975, organizado por Marco Santambrogio. O aspecto que nunca foi aceito plenamente refere-se ao papel histórico de Quine no tocante à evolução da filosofia americana do pós-guerra. Para este ponto fundamental, porém, parece dirigir-se a atenção crítica mais recente, como atesta o congresso internacional organizado pelo Centro Internacional de Estudos Semióticos e Cognitivos, dirigido por Umberto Eco, sobre a contribuição filosófica de Quine (*Willard van O. Quines Contribution to Philosophy*). Talvez a mais ampla iniciativa com este propósito; com a presença de Quine, em San Marino em maio de 1990, confrontaram-se filósofos e lingüistas de diversa impostação: entre os autores dos diálogos deste volume, Donald Davidson e Hilary Putnam, e, ao lado deles, Barry Stroud, Bas van Frassen, Paolo Rossi, Ernest LePore e Andrea Bonomi.

Depois de dez anos dedicados a uma das problemáticas mais recorrentes no Círculo de Viena, o papel da lógica na fundação da matemática, que desembocaram na publicação do volume *Mathematical Logic* [*Lógica matemática*] de 1940, ao seu retorno da guerra é que Quine desfere o primeiro grande ataque pós-analítico ao positivismo lógico. O ensaio de 1951, intitulado "The Two Dogmas of Empiricism" ["Os dois dogmas do emprismo"], nascido das discussões com outro entusiasta do pensamento pós-analítico, Nelson Goodman, registra emblematicamente esse conteúdo. É uma refutação do argumento talvez mais crucial do discurso vienense: a distinção entre juízo analítico e juízo sintético sobre a qual se concentra o primado epistemológico da análise lógica e da qual, significativamente, deriva o nome da corrente americana da filosofia analítica.

Para o positivismo lógico, pelo menos na sua primeira formulação, os enunciados analíticos (por exemplo, "se está chovendo então está chovendo"), por serem privados de conteúdo empírico, são os únicos realmente necessários e precursores de conhecimento objetivo. Por contraste, os enunciados sintéticos ("em tal lugar a tal hora está chovendo") são asserções *a posteriori* e portanto a sua verdade depende, além de fatores lingüísticos, da realidade externa a que se referem. A objetividade é assim atribuída apenas à verdade analítica que, não dizendo nada sobre a realidade, baseia-se sobre uma série de propriedades sintático-semânticas da linguagem.

A crítica de Quine consiste em demonstrar a impossibilidade de uma nítida distinção entre estas duas ordens lógicas. Mesmo admitindo que é possível a organização de juízos analíticos em sistemas lógicos coerentes, como a lógica e a matemática, o filósofo americano não reconhece a sua pertença a uma forma lógica pura.

Diferentemente dos neopositivistas, uma afirmação analítica como "todo solteiro é um homem não casado" não corresponde, segundo Quine, a um enunciado lógico cristalino (como "todo x é um x"), enquanto a verdade deste último deriva do fato de que *x* não denota nada, ao passo que a verdade da primeira enunciação depende em grande parte do significado dos seus termos constitutivos. Eis então que a noção de analiticidade se traduz na de sinonímia, sobre a qual porém não é possível erigir as mesmas pretensões de absoluta objetividade.

Quine não teria chegado a essas conclusões sem aquela tradição pragmatista, distintamente americana, que representa um elemento importante do renascimento pós-analítico. No caso de Quine, não se trata entretanto de um pragmatismo público e experimental à maneira de John Dewey, como ocorre por exemplo com Rorty, mas principalmente da herança pós-kantiana, que lhe provém da mediação lógica e epistemológica de Clarence I. Lewis, e da qual recebe alguns instrumentos lingüísticos indispensáveis para o grande passo pós-analítico.

Ao lado desta, Quine absorve o eixo de reflexão ontológica e pluralística, que, iniciado paralelamente ao século com William James, prossegue na ramificação do pensamento psicológico por meio do funcionalismo e do behaviorismo, a cujo destino ele se liga explicitamente graças à relação de estreita colaboração com Skinner. A reconstrução desse horizonte ontológico, censurado *a priori* pelos autores do Círculo de Viena (pelo menos até a sua emigração americana), delimita as fronteiras da revolução copernicana de Quine.

É daqui de fato que toma corpo uma das teses mais recorrentes no horizonte pós-analítico: a tese sobre a indeterminação da tradução. Que tipo de dificuldade se encontraria em traduzir a língua de uma cultura ou de uma tribo completamente desconhecida? Sobre o pano de fundo de um cenário antropológico, analisado através da lente experimental do behaviorismo e voltado para uma demonstração e ordem lógica, Quine demonstra que, paradoxalmente, seria possível redigir uma série de "manuais de tradução", diferentes e incompatíveis entre si. Mesmo permanecendo fiel às simples disposições expressivas dos interlocutores, cada manual recortaria um universo de comunicação finito, não fornecendo os instrumentos para uma tradução universal.

Da teoria sobre os paradigmas da evolução científica de Kuhn à asserção da "mortalidade" dos vocabulários epistemológicos por parte de Rorty, até a ética "das virtudes" de MacIntyre, o universo pós-analítico ainda não cessou de discutir essa questão, que Quine em primeiro lugar evidenciou com *Word and Object* [*Palavra e objeto*] de 1960 e com o ensaio "Ontological Relativity" ["Relatividade antológica"] de 1969. Uma questão crucial, também porque pode representar um ponto de contato entre a esfera pós-analítica norte-americana e os "dissídios" pós-modernos expressos por Jean-François Lyotard e pela área de debate do pós-estruturalismo francês.[11]

A necessidade intersubjetiva do conhecimento

Como os dois míticos dióscuros, Castor e Polux, Davidson e Putnam são descendentes diretos de Quine. Muito diferentes quanto à elaboração de sua herança, em relação ao mestre ambos deram um passo adiante à beira do abismo pós-analítico. Davidson procurando integrar a questão intersubjetiva no quadro friamente perceptivo do empirismo, no qual Quine se encontra ainda emaranhado. Putnam repropondo o tema de um realismo pragmatista, estendido não apenas ao universo epistemológico, mas também ao ético e moral.

Apenas dez anos mais jovem que Quine, Davidson o seguiu desde os tempos da Segunda Guerra Mundial, quando se alista-

---

11 Esse vínculo foi um dos temas de debate mais recorrentes no congresso franco-americano "La traversée de l'Atlantique", cujas atas foram publicadas em um número monográfico da revista *Critique*, n.456 (maio de 1985), organizado por Vincent Descombes. Referências específicas a este vínculo são também encontradas nos textos do próprio Lyotard: *A condição pós-moderna* (José Olympio, 2002, 6.ed.) e *Le Differend* (Minuit, 2002).

ram juntos como voluntários e oficiais da Marinha. Mas em relação a Quine, primeiro grande desmistificador dos dogmas do empirismo, Davidson vai até mais longe.

Se é de fato verdade que se deve agradecer a Quine por ter conservado a própria possibilidade de uma filosofia da linguagem, derrubando as fronteiras entre a arquitetura do pensamento (os enunciados analíticos) e o seu conteúdo (os sintéticos), é também verdade que Quine não põe absolutamente em discussão a legitimidade do seu sujeito epistemológico que, como para os empiristas, é de certo modo "anterior" ao mundo. Um olhar distante, solipsista e decididamente cartesiano, porque prisioneiro da convicção de que a cada um de nós é dado construir o mundo, a partir de uma origem do dado perceptivo.

Segundo Davidson, trata-se de uma espécie de "terceiro dogma" do empirismo, que é necessário desmantelar inserindo no seu centro o tema ético e lingüístico da intersubjetividade. Nem a linguagem nem a mente organizam a realidade perceptiva segundo determinados esquemas conceituais, já que ambos fazem parte, com o mundo, de um único esquema conceitual de matriz e desenvolvimento intersubjetivo.

Assim, até a tese de Quine sobre a incompatibilidade dos manuais de tradução é posta em discussão, a partir do momento em que, para Davidson, não é possível perder a faculdade de falar uma língua mantendo ao mesmo tempo uma certa capacidade de pensamento. Pensar significa comunicar. O universo inteiro, subjetivo e objetivo, está preso numa malha hermenêutica de signos. A própria realidade nada mais é que um coágulo de linguagem e interpretação.

Na origem, como para Quine, não está a neurologia, a objetividade das estimulações nervosas apreendida na sua irrepetibilidade por um sujeito fechado na sua intimidade perceptiva. O que Davidson transmite ao pensamento pós-analítico é que ao sujeito não resta uma *privacy of mind*, a possibilidade de analisar percepções ou reações no sentido estritamente subjetivo, mas apenas "eventos" que dependem do seu estar em permanente intercâmbio com outros seres humanos. Com outros, falantes e comunicantes, com os quais interagir no próprio contexto de significados. A viagem do pensamento e do conhecimento não tem matriz nem raiz, subjetiva ou objetiva. Jamais pode ser reconduzida a um início, mas apenas circunscrita à dinâmica de um esforço triangular, que implica pelo menos dois interlocutores e um contexto de situações compartilhadas.

Articulando de maneira diferente de Davidson o tema da necessidade intersubjetiva do conhecimento, Putnam retoma, em sintonia com muitos outros pós-analíticos, de Rorty a MacIntyre, o fio interrompido do fundacionalismo ético típico dos pragmatistas, entre os quais domina a figura de William James.

Em oposição a Davidson, segundo Putnam, uma objetividade ainda existe: a moral das crenças (os *beliefs*). A esfera de tais crenças deve poder constituir-se como base de um novo realismo, mesmo que seja contextualmente a um dado período e a uma determinada situação. Negar, como faz Davidson, a existência de uma multiplicidade de esquemas conceituais, diluindo-os num único esquema interativo, abre o risco de perder definitivamente o referente. E com ele a construtividade, a incisiva arma do discurso filosófico. Eis aí por que a possibilidade de uma fundação "contextual" do mundo não deve ser abandonada; mesmo se, depois dos pragmatistas, não pode ser entendida senão em termos morais.

Contra o formalismo enxertado pelos vienenses no tronco da tradição americana, e em sintonia com os postulados do pragmatismo, Putnam revitaliza o eixo do pensamento realista. Não é dado atingir uma fundação mais decisiva que a dos *beliefs*: na sua organicidade, eles formam de tempos em tempos uma "imagem moral do mundo", uma espécie de cânone da objetividade moral que, mesmo na sua relatividade contextual, propõe-se como "a" realidade.

A filosofia, segundo Putnam, não é um método de controle epistemológico abstrato, como a entende a corrente analítica. Não existe um método universal que permita dirimir um dissídio entre dois interlocutores, independentemente do conteúdo da discussão. A aposta em jogo é porém a realidade moral de um pensamento, entendida como síntese das crenças em torno da sua forma e dos seus conteúdos. O que interessa a este neo-realista *après la lettre*, e que delineia a sua especificidade dentro do grupo pós-analítico, não é tanto a afirmação do pluralismo contra o monismo quanto, dando como implícita a multiplicidade dos mundos, a exploração do seu valor de "objetividade moral".

Para o pensamento pós-analítico, a proposta realista de Putnam contribui portanto com a hipótese de uma fundação moral do conhecimento. Por um lado, contra a filosofia analítica, repõe em jogo uma sinergia humanística entre as disciplinas. Por outro, o reconhecimento da prioridade moral representa a herança de uma série de experiências libertárias, que agruparam certo número de pensadores pós-analíticos no destino de filósofos "engajados", sobretudo durante os anos 60.

No caso de Putnam, num primeiro momento, esse engajamento assumiu a forma de uma verdadeira e legítima militância entre as fileiras da esquerda americana e do movimento pacifista contra a intervenção no Vietnã. Num segundo momento, transformou-se em interesse pelo judaísmo, entendido como chave de leitura mística e salvadora em relação ao significado da filosofia.

Os desafios ao formalismo conceitual

A crítica ao valor normativo da abordagem analítica não é compartilhada apenas por Hilary Putnam, mas representa um elemento de continuidade entre todos os pensadores pós-analíticos. Nas cartografias de Robert Nozick e Arthur C. Danto, ela assume duas configurações por certos aspectos complementares: no caso de Nozick, trata-se de uma divergência radical em relação à carga coercitiva implícita no formalismo de orientação analítica. Aquela mesma transparência da argumentação filosófica, na qual a impostação analítica identificou as fronteiras de legitimidade do pensamento, coincide para Nozick com um modelo epistemológico repressivo, ao qual é indispensável contrapor uma alternativa.

Segundo Danto, porém, a crítica se traduz numa estetização do seu impulso formalístico. O horizonte conceitual analítico sobrevive, enfraquecido, na fascinação pelo elemento arquitetônico do pensamento e pelos valores de harmonia e de beleza que ele implica.

A alternativa libertária de Nozick parte de uma elaboração crítica da noção de *argument*, que, depois de haver percorrido toda a história da filosofia ocidental, acaba divinizada primeiro pela intensidade logística do Círculo de Viena, e em seguida pelo movimento analítico. O potencial repressivo do *argument*, da argumentação, já está implícito no seu significado literal que em inglês corresponde ao de discussão violenta.

Não apenas com Putnam, mas também com muitos outros pós-analíticos, entre os quais Cavell e MacIntyre, Nozick não pode admitir que a filosofia seja reduzida a mera ciência da argumentação. Ele não quer aceitar que, dadas determinadas premissas e apresentada uma prova, daí decorra necessariamente uma e só uma conclusão: porque é justamente esse esquema que levou a corrente analítica a pensar a verdade como vitória sobre o interlocutor. Em vez de forçá-lo a crer mediante a construção de uma irrenunciabilidade argumentativa, é porém mais legítimo e epistemologicamente mais criativo estimular no próprio interlocutor modos de pensar alternativos.

Extraída com perícia do vocabulário analítico, e reinscrita num novo mapa de valores e de objetivos, é a noção de "explicação" que, pondo-se em contraste à carga coercitiva do *argument*, representa a principal contribuição de Nozick para a virada pós-analítica. A meta do conhecimento não se resolve tanto na apresentação de uma prova infalível quanto no melhoramento moral do indivíduo, estimulado a apresentar sua própria visão do mundo e a comunicar-se mais livremente com os outros.

O sonho de afastar a filosofia do espírito agonístico e primitivo da disputa, refundando-a sobre as novas bases mais realistas da compreensão, alimenta a pesquisa teórica de Nozick que, desde *Anarquia, Estado e utopia*, de 1974, reflete-se também no campo político na forma de uma utopia anárquica e democrática.

Em contraste com a posição emancipativa de Nozick, orientada para libertar a filosofia da armadura demasiado rígida do formalismo analítico, está a fascinação neoclássica de Danto, que procura redimir o universo da análise lógica por intermédio das categorias de beleza, medida e harmonia.

Para esse filósofo, crescido em estreito contato com a experimentação das vanguardas do segundo pós-guerra, os instrumentos da análise são os únicos a dar razão ao "equilíbrio" que infalivelmente conota toda estrutura conceitual coerente. Um equilíbrio cujo mistério se concentra na capacidade de conectar as idéias segundo a perfeição fisiológica de um organismo. Na recondução dos objetos, mentais e materiais, às suas partes constitutivas reside o objetivo anatômico da análise lógica, além do seu valor transcendental e fundador.

A canonização americana do discurso analítico é uma degeneração acadêmica que Danto, de pleno acordo com todo o movimento pós-analítico, critica e gostaria de deixar definitivamente para trás. Mas diferentemente de Nozick e de Putnam, não exprime a esse respeito uma oposição sistemática. A análise, para Danto, é o estilo de pensamento mais puro, cristalino e "conforme à natureza" para uma filosofia cujo objetivo é, analogamente à arte, reconstruir a "materialização sensível" das idéias.

Ironia e desalento, dois estilos de secularização

Reduzir a análise a um *style of reasoning*, um estilo de pensamento entre outros possíveis, tira toda a força de sua espistemologia. Essa posição, que Danto acolhe quase como se fosse uma poética, numa série de outros autores pós-analíticos carrega-se de uma força crítica explosiva. Richard Rorty e Stanley Cavell, dois personagens diferentes nas linguagens e nas conclusões, compartilham a idéia de que a aventura analítica é um estilo de pensamento que recobriu um parêntese histórico bem delimitado no desenvolvimento da filosofia anglo-americana.

Se é verdade que a partir de Quine, e continuando com Davidson e Putnam, o projeto analítico foi esvaziado por seus próprios instrumentos, com Rorty e Cavell ele é agredido externamente. Cortados os vínculos com o presente, ele é embalsamado como um objeto de museu, as suas hipóteses científicas sistematizadas e reconduzidas ao alcance historicista de uma visão do mundo.

À corrente analítica é atribuído um emaranhado de culpas, como a canonização do discurso filosófico dentro de limites disciplinares e profissionais, que levou a filosofia a um sombrio isolamento da história, da cultura e da sociedade. Emaranhado este criado pelo impasse analítico e que é desatado com a recuperação de duas tradições de pensamento cruciais na história intelectual dos Estados Unidos, o pragmatismo e o transcendentalismo.

Rorty faz ressurgir em primeiro lugar aquela linha de pensamento "originalmente" americana, que, inaugurada no fim do século anterior por Charles Peirce e William James, se arrasta até a primeira metade do século XX graças à longa vida de John Dewey, para depois desaparecer engolida pela emigração vienense entre as duas guerras. Cavell, porém, insiste no transcendentalismo: aquela primeira corrente filosófica americana que, sobre a onda de sugestões extraídas do idealismo europeu, na metade do século XIX atinge o seu ápice com Ralph Waldo Emerson e Henry David Thoreau.

Na hipótese neopragmatista de Rorty, a figura de Dewey representa um modelo insuperável mas não exaustivo. Ao lado do mestre do pragmatismo americano, Rorty transmite ao horizonte pós-analítico a revalorização de todo um período de pensamento continental, considerado obscuro e niilista pelas divindades do neopositivismo, que, da virada idealista de Hegel desemboca em Nietzsche, Freud e Heidegger.

Na convergência que Rorty reconhece entre o pragmatismo e as diversas críticas ao absolutismo metafísico, conduzidas por esse eixo do pensamento europeu, identifica-se o núcleo do seu neopragmatismo, que contempla uma visão da filosofia completamente secularizada. Perdido o seu papel epistemológico absoluto, *the Queen*, a rainha das ciências, democratiza-se numa forma mais flexível e aberta às estimulações interdisciplinares.

Assim, a filosofia não é mais pensável nos termos kantianos de "tribunal da Razão Pura". Antes, ela circunscreve um novo campo de um "diletantismo informado e engajado" cujo agente não é um profissional da argumentação, mas um pensador polipragmático de tradição socrática, todo empenhado em renovar as temáticas e as dinâmicas daquela Grande Conversação da qual consta a cultura.

Libertada das malhas estreitas da análise, que a queriam como matéria distintamente científica, a filosofia percebeu que não existe um número finito de interrogações a responder, nem um número finito de questões fundamentais. Retomando um *Leitmotiv* universalmente compartilhado pelos pensadores pós-analíticos, Rorty sugere que nesta fase, aos valores de fundação e de sistema, se sucedam os de proliferação e pluralidade sob cuja lente a filosofia poderia aparecer numa nova dimensão: a da "cultura pós-filosófica".

A epistemologia também se define em termos de estilo, *kind of writing*, um gênero de escrita entre outros, com um acesso à verdade não superior ao de qualquer outro gênero narrativo. A escolha do "estilo" epistemológico deriva da eficiência da sua instrumentação explicativa, aprovada doravante por séculos de história ocidental. Alérgica a toda forma de fundacionalismo, tanto analítico como fenomenológico, esta nova cultura pós-filosófica entrega-se ao sonho de uma solidariedade humanística, compartilhada pelas nações, pelos homens e pelas várias disciplinas sobre a base da mortalidade e da contingência dos respectivos vocabulários.

A ironia de caráter voltairiano que conota o pragmatismo experiente de Rorty é contrabalançada pelo impulso neo-romântico de Stanley Cavell. Para ele, quem personifica o ideal do intelectual engajado e polígrafo da nova tendência pós-analítica não é Dewey, mas um personagem "afastado" pela emigração européia entre as duas guerras: Ralph Waldo Emerson, o pregador, poeta e filósofo do puritano Massachusetts, fatalmente suspenso entre os ecos dialéticos do idealismo alemão e os êxtases meditativos do budismo.

Mas, como para Rorty, a América não é um continente isolado, ao lado de Emerson, a constelação de Cavell deixa resplandecer outros astros que articulam a sua luminosidade. Em particular, a parábola da tradição cética, que, único entre todos os autores pós-analíticos, Cavell repropõe numa versão original e imprevisível. Com efeito, na sua perspectiva, o ceticismo não emerge como dimensão do desencanto, não assume aquelas características de indiferença em relação aos projetos universalistas do saber que constituem a sua imagem mais consolidada, de Pirrone e Carneade até Montaigne e Hume.

Para Cavell, ao contrário, o pensamento cético faz reemergir o drama da autoconsciência, aceita no seu significado romântico de distância entre finito e infinito, temor que nasce do confronto entre a finitude humana e os muitos mistérios da existência sobre a terra: vida, morte, universo.

A cavaleiro entre reminiscências românticas, radicadas na velha Europa, e ecos transcendentais de matriz decididamente americana, a renovada atenção de Cavell para o problema da subjetividade representa a sua contribuição mais específica para a corrente pós-analítica. Uma atenção que, no século XIX, ele encontra de novo proposta nas entrelinhas de filósofos como John Austin e Ludwig Wittgenstein. Densas de exploração existencial, as páginas deste mestre da *ordinary language*, a corrente analítica alternativa ao neopositivismo vienense, deixam transparecer uma sensibilidade pela dimensão finita do cotidiano que entra em prodigiosa alquimia com as intuições sobre o valor mortal da subjetividade avançadas pelo ceticismo.

A obsolescência histórica dos vocabulários

Ao anunciar a tese sobre a indeterminação da tradução, Quine transmitiu ao universo pós-analítico a convicção da intraduzibilidade dos vocabulários singulares – históricos, culturais, filosóficos – numa língua franca universal. Como uma vibração de fundo, essa convicção anima certamente a epistemologia pluralista de Rorty, para o qual cabe à filosofia realizar uma mediação de significados que permita aos vocabulários singulares entender-se, sem dar mais a chave para traduzi-los numa linguagem neutra e transparente.

Mas não só. Porque essa tese parece central também no contexto de outras duas cartografias pós-analíticas: a de Alasdair MacIntyre, que nega à ética poder aspirar a uma absoluta transparência de princípios, para além das contextualidades históricas onde às vezes busca impulso; e a de Thomas S. Kuhn, o primeiro filósofo americano que afastou a ciência do antigo sonho racionalista, organizando o seu desenvolvimento numa série de visões "científicas" do mundo, ou até de paradigmas descontínuos em perene flutuação.

Movendo-se com uma nova agilidade por entre as malhas do historicismo, e em particular entre aquelas tecidas pelo seu progenitor mediterrâneo, Giambatista Vico, o primeiro passo de MacIntyre é reportar ao seu contexto ideológico o projeto liberalista, que é um dos pontos de referência mais recorrentes do universo pós-analítico.[12] Alimento básico no crescimento de todo filósofo anglo-americano, o liberalismo, na visão de MacIntyre, está de tal modo integrado na dieta de cada um, a ponto de parecer um produto indispensável à vida intelectual. Pelo contrário, deve ser revelada a sua natureza destrutiva, que se baseia no progressivo empobrecimento da forma tradicional da "comunidade" e na conseqüente dissolução daqueles vínculos humanos e sociais que, desde os tempos da Grécia antiga, são ingredientes insubstituíveis do nosso progresso cultural.

---

12 Na pletora de teorias, orientações e posições individuais de que se compõe o universo pós-analítico, o projeto liberalista é um dos pontos problemáticos mais discutidos. Rorty o repropõe em chave epistemológica como requisito de uma solidariedade entre as disciplinas; a teoria da justiça de Rawls o reformula numa versão neocontratualista em que o princípio igualitário é baseado num experimento mental, ou estipulado pelos indivíduos como por trás de "um véu de ignorância"; Sandel se opõe a Rawls, afirmando que nenhuma escolha contratualista pode ser operada abstratamente em relação a conteúdos precisos; Nagel, por sua vez, descarta o modelo de interesses sociais antagônicos e sugere a simples coexistência de diversos "modos" do princípio igualitário. A essas posições de reavaliação geral do projeto liberalista se juntam também leituras mais críticas. Entre estas a de Scanlon, que tende para uma recontextualização histórica do contratualismo; Wolin, que tenta a redefinição de um projeto de ação revolucionária jacobina como premissa de uma transformação global da sociedade; e por último a de Roberto Unger, jovem promessa da teoria política harvardiana, que, permanecendo favorável entre a teoria do agir comunicativo de Habermas e o neocontratualismo de Rawls, procura lançar uma nova versão de "experimentalismo social emancipativo".

Como as línguas naturais, os mundos intelectuais e morais também não podem ser traduzidos de um para o outro. Não existe uma língua canonizada sobre a qual medir, confrontar e julgar os valores, as razões, as virtudes expressas por um universo cultural específico. Após a falência do projeto iluminista, do qual o liberalismo é o infeliz epígono, o século XX encontrou-se no temor épico mais radical, que deixou aberta, como única alternativa, a superação niilista de Nietzsche de todos os princípios e de todas as morais.

Hoje, chegados ao "centro das trevas" da era da modernidade, é exatamente essa consciência sobre a destrutividade da razão iluminista, da qual não só o liberalismo mas também o universalismo da filosofia analítica podem considerar-se filhos, que nos faz ter esperança num novo renascimento. A Grécia clássica, antigo amor de MacIntyre desde os seus exórdios de classicista, é seu harmonioso cenário, enquanto a teoria aristotélica das "virtudes" é sua moldura. A imagem totalizante e universalista da virtude desaparece, multiplicando-se numa constelação de valores mais contextuais à história e à realidade de uma comunidade humana específica.

Em sintonia com as reflexões éticas de MacIntyre, Kuhn também anuncia a morte da visão racionalista do progresso da ciência: um sagitário, metade animal e metade homem, que tenta exorcizar o seu vínculo com a Terra lançando o dardo do conhecimento longe no espaço, quase à conquista do universo inteiro. Mas a ciência, segundo Kuhn, é totalmente diferente disso. A sua progressão é histórica, e os seus resultados inelutavelmente mortais.

A incidência científica é de fato conotada pela seqüência de duas fases: a fase de "ciência moral" e a de "ruptura revolucionária". A primeira consiste na gradual imposição de um sistema teórico, uma espécie de visão do mundo que reúne ideais e técnicas de experimentação, teoria e método, que Kuhn define como "paradigma". O sistema ptolomaico ou galileano são exemplos de paradigmas científicos, que recebem constante confirmação de legitimidade pela comunidade de pesquisadores que trabalham na sua articulação. Mas como um meteorito, que corta o caminho e decepa o dardo do sagitário, em certo ponto da vida do paradigma intervém a fase de transição: um período de crise no qual os seus pressupostos não apenas científicos, mas também filosóficos e metafísicos, são retratados. No qual, lenta e progressivamente, se fragmenta o consenso da comunidade dos cientistas e a língua científica se transforma.

Em sintonia com Rorty e MacIntyre, Kuhn afirma que também a ciência, como a filosofia, a cultura e a ética, é constituída por uma sucessão, e muitas vezes uma coexistência de paradigmas, visões, molduras mentais, absolutamente independentes e no máximo intraduzíveis. O percurso da ciência não é mais dirigido para a obtenção de porções cada vez maiores de verdade, mas definido por uma simples energia evolutiva. Afirmação que visa ao coração da filosofia vienense: a idéia de que a ciência e a filosofia (entendida como empreendimento científico) possam sempre e de certa maneira contar com a existência de "protocolos observatórios", protegidos do tempo e da obsolescência das linguagens. Ao pensamento pós-analítico Kuhn lança porém uma advertência: durante a fase de ruptura revolucionária, o cientista está só e não pode confiar em nenhum vocabulário de suporte ou de confirmação às suas teses.

Portanto, só com a sua consciência e com o sentimento da mortalidade dos seus resultados, o cientista se acha ao lado do filósofo, numa visão completamente secularizada do conhecimento. Reunidos numa viagem de destino ignorado, ambos arquivaram o sonho do *grand tour* para o mito das origens e de uma fundação única e primeira. Agora se abre a aventura do *détour*, do perambular inquieto sobre as margens de uma fronteira sempre móvel, que não cessa de decompor e recompor o perfil de uma nova história.

A lógica do século XX

Willard van Orman Quine

Em 1965, há apenas oito anos da publicação, *Word and Object* de Willard van Orman Quine era definido pela crítica como "o livro de filosofia americana mais discutido do segundo pósguerra". Nascido em 1908 em Akron, Ohio, Quine já tinha então entrado na plena maturidade. Mas um papel-chave no cenário filosófico internacional ele já tinha conquistado havia algumas décadas. Desde quando, no início da Segunda Guerra Mundial, comandou a emigração dos autores e das idéias do Círculo de Viena para o solo americano, para depois impor-lhes uma virada teórica decisiva com base em instâncias autóctones, de matriz pragmatista e behaviorista.

O itinerário que conduz Quine a Viena e ao positivismo lógico, em 1933, é uma progressiva marcha rumo ao Leste: a começar da calma opaca das Grandes Planícies através de Harvard, onde em apenas dois anos conclui um doutorado em lógica matemática sob a orientação de Alfred N. Whitehead, co-autor com

Bertrand Russell dos *Principia Mathematica*. O estágio vienense e depois praguense permite-lhe entrar em contato pessoal com todos os grandes mestres do Círculo: de Rudolf Carnap a Hans Reichenbach, de Moritz Schlick ao matemático polonês Alfred Tarski. Contato que logo se transforma numa profunda sintonia intelectual, que ligará Quine, daí por diante, aos destinos do positivismo lógico e, por meio dele, mudará o destino do pensamento americano contemporâneo. A partir da cidadela de Harvard, onde ainda hoje é decano depois de mais de quarenta anos de ensino, Quine de fato jamais deixou de propagar uma aura de pensamento poderosíssima, que representa uma das referências fundamentais para as correntes da filosofia analítica e pós-analítica.

Ao retornar da Europa em 1933, e pelos dez anos seguintes, as contribuições de Quine se diluem na articulação de um dos temas centrais da discussão interna ao Círculo de Viena: o papel da lógica na fundação da matemática, que na perspectiva de alguns desenvolvimentos da teoria dos conjuntos, está no centro do artigo "New Foundations for Mathematical Logic" ["Novos fundamentos para a lógica matemática"] de 1937, além do volume sucessivo *Mathematical Logic*, de 1940. O lugar desta primeira elaboração teórica continua sendo o câmpus de Harvard, para onde, graças a Quine, a partir de 1939 afluem os mestres da lógica européia, de Carnap a Russell e Tarski. Alguns deles, por razões políticas e raciais, transferem-se definitivamente para os Estados Unidos.

Depois da guerra, durante a qual Quine decidiu alistar-se como voluntário na Marinha por três anos e sem ler "uma única linha de filosofia", a publicação do artigo "The Two Dogmas of Empiricism" atuou como verdadeiro e legítimo detonador "pós-analítico". Nele, Quine procura minar dois pontos essenciais do positivismo vienense, entre os quais a distinção fundamental entre enunciados analíticos e sintéticos sobre a qual se baseava a pretensão de cientificidade de todo o discurso positivista.

Para os autores do Círculo, os enunciados analíticos (daí a definição de "pensamento analítico") são os únicos sobre os quais pode basear-se a produção de um conhecimento objetivo. Eles, de fato, sendo privados de conteúdo empírico (por exemplo, "se está chovendo, então está chovendo"), são as únicas asserções verdadeiramente necessárias. A verdade analítica, não dizendo nada sobre a realidade, se funda numa série de propriedades sintático-semânticas da linguagem. Os enunciados sintéticos, ao contrário, são asserções *a posteriori* e contingentes. A verdade de proposições como "em tal lugar a tal hora está chovendo", além de fatores lingüísticos, depende de fato da realidade sobre a qual se referem.

Com base em matriz pragmática, concentrada em torno do "caráter holístico do controle experimental", a crítica de Quine se volta para a impossibilidade de definir uma distinção nítida entre essas duas ordens lógicas. Enquanto é verdade que os juízos sintéticos são verdadeiros somente em relação ao fato de que o mundo é de determinado modo, que cada um deles constitui um caso à parte, e que as generalizações devem ser controladas por conjuntos de conseqüências verificáveis individualmente, não é verdade que os juízos analíticos, embora possam ser organizados em sistemas, como a lógica e a matemática, e não dependam da realidade empírica, são baseados numa forma lógica pura. A verdade do enunciado lógico puro, "todo x é um x", deriva do fato de que x não denota nada. Enquanto a verdade do enunciado "todo solteiro é um homem não casado" depende mais do significado dos seus termos constitutivos do que da forma lógica pura. Daí a necessidade de redefinir a noção de analiticidade por meio do conceito de sinonímia, que todavia não consegue restituir, segundo Quine, uma distinção tão nítida e irrefutável. Os critérios da distinção entre analítico e sintético continuam então sendo pragmáticos.

Desde a publicação do artigo "The Two Dogmas of Empiricism" em 1951 até a publicação de *Word and Object* em 1960, Quine elaborou ulteriormente a sua teoria da linguagem. Essencial, nestes anos, é a sua aproximação do mestre harvardiano do behaviorismo, o psicólogo Burrhus F. Skinner. E é graças a ele também que Quine desenvolve uma teoria behaviorista do aprendizado da linguagem, da qual deriva uma das suas teses mais discutidas e originais sobre a "indeterminação da tradução". Nela, Quine afirma que, paradoxalmente, seria possível formular "manuais de tradução" diferentes e incompatíveis entre si, cada um correspondente às disposições comunicativas de interlocutores de língua materna.

Essas conclusões induziram Quine a retomar um aspecto do discurso lógico severamente banido pelo Círculo de Viena: o aspecto da ontologia. Sempre pela distinção analítico-sintético, interno-externo, segundo Carnap o cientista era aquele que interrogava o mundo e o filósofo, aquele que aprofundava a estrutura lógica da linguagem sobre o mundo. Quine, pelo contrário, declarou racionalmente incongruente o fato de aceitar um sistema, como explicativo e irredutível, e ao mesmo tempo não aceitar suas entidades constitutivas. Sobretudo a partir do ensaio "Ontological Relativity" de 1969, Quine desenvolveu uma verdadeira e própria teoria ontológica, baseada na idéia de que a interrogação ontológica deve ser mantida ao seu mínimo, ou ao mínimo indispensável, para que um sistema se possa provar explicativo e irredutível.

Pelo impacto histórico das suas teorias, referem-se ao senhor como o "pai" da filosofia americana depois da Segunda Guerra Mundial. Mas em que termos o senhor se sente "filho" da cultura dos Estados Unidos?

Quando me ocupei pela primeira vez de lógica matemática, o meu verdadeiro grande amor não era certamente uma matéria muito praticada neste lado do Atlântico. No fim do século, a sua pátria-mãe foram os Alpes, tanto na vertente italiana como na alemã. Depois, em 1910-1911, chegaram os *Principia Mathematica* de Russell e Whitehead, que não prosperaram muito no contexto anglo-saxão. Até a Segunda Guerra Mundial, os epicentros da nova disciplina foram a Alemanha e a Polônia, e em parte a Áustria, graças à figura emblemática de Kurt Gödel. Um grande papel na difusão da lógica matemática, aqui nos Estados Unidos, teve o matemático americano Alonzo Church. Foi também graças a ele, em seguida ao seu retorno à América depois de um doutorado em Göttingen, que, a partir de 1932, a nova disciplina fincou pé neste lado do Atlântico. Eu voltei da Europa um ano depois dele, e fomos nós os primeiros a fazer obra de proselitismo, eu de Harvard e ele de Princeton. Nos anos seguintes, antes e durante a guerra, houve então a grande emigração dos exilados e refugiados políticos e raciais, e foi assim que os Estados Unidos se tornaram o centro mundial da lógica matemática.

Se no seu encaminhamento para a lógica matemática não se reconhece uma especificidade americana, como começou este interesse por uma matéria tão abstrata a ponto de parecer quase mística, uma forma de meditação transcendental sobre as condições do pensar?

É uma história estranha, feita de estranhas coincidências como acontece sempre na vida. Na faculdade, eu estava indeciso entre três áreas: a filosofia, a matemática e a lingüística. Um estudante mais adiantado, por acaso, me falou de um livro de Bertrand Russell, intitulado *Mathematical Philosophy*. E foi como uma iluminação: pareceu-me poder conciliar todos os meus interesses num só. Então decidi graduar-me em Matemática, mas como disciplina complementar escolhi Filosofia da Matemática, que depois se revelou como Lógica Matemática.

Então foi Russell o ponto de partida?

Sim, e ao lado de Russell havia ainda Boole, e até Giuseppe Peano, cujo *Formulario Matematico* lembro-me de ter lido em francês.

E os lógicos da tradição americana, como Charles Sanders Peirce?

No início, eu não o conhecia, quase não sabia da sua existência. No meu currículo de estudos, nunca o encontrei, nem sequer na bibliografia. "Descobri" Peirce quando cheguei a Harvard para o doutorado. George Sardon, então diretor da revista trimestral científica *Isis*, pediu-me para resenhar os volumes sobre a lógica dos "Collected Papers", que a Harvard University Press estava então publicando em edição integral. E de fato resenhei o segundo, o terceiro e o quarto volumes. Mas Peirce nunca teve grande influência sobre o meu trabalho; quando o encontrei, eu já tinha lido os *Principia Mathematica* de Russell e já escrevia ensaios de lógica. Dele não absorvi conteúdo lógico, mas apenas perspectiva histórica.

E no que diz respeito à tradição pragmatista, da qual Peirce, ao lado de William James e John Dewey, pode ser considerado precursor?

É difícil dizer o que significa realmente "pragmatismo". Se se trata de um ramo da tradição clássica do empirismo, então sim, foi realmente de grande importância para mim. Aqui em Harvard, o meu mestre Clarence Irving Lewis se autodefinia um "pragmatista conceitual". Na faculdade, eu tinha lido *Pragmatism* de William James: foi-me enviado pelo meu irmão mais velho. Depois em Cambridge, durante o doutorado, li muito Hume, um pouco de Locke e um pouco de Berkeley, como autores de história da filosofia. Mas, no fim das contas, não creio que a minha formação tenha ressaibos de uma matriz peculiarmente americana: foi sempre baseada mais numa espécie de empirismo internacionalista. Na verdade, foram Whitehead, Rudolph Carnap, C. I. Lewis e entre os poloneses Tarski que mais me influenciaram. Eu penso na filosofia mais em sentido horizontal do que vertical.

A propósito de Whitehead. Na Itália foi um autor muito importante no âmbito da "Husserl Renaissance", inaugurada por Enzo Paci nos anos 50. Eu diria que Whitehead era mais conhecido como "filósofo do relacionismo" do que como lógico.

Encontrei Whitehead no fim dos anos 20 em Harvard, onde era considerado co-autor dos *Principia Mathematica* junto com Russell, e não tanto pela sua produção posterior. Tornou-me relator de teses, embora, quando o conheci, não se interessasse mais por lógica. Já tinha escrito *Process and Reality* [*Processo e realidade*] e *Science in Modern World* [*Ciência no mundo moderno*]. Eu, por outro lado, via apenas a lógica matemática e, portanto, para mim ele permaneceu como um homem sábio e culto, mas filosoficamente não me forneceu nada. Nesse sentido, eu me sentia muito mais próximo de C. I. Lewis. O meu grande mestre de filosofia, Rudolf Carnap, o encontrei depois, quando fui para a Europa com uma bolsa de estudos em 1932. Primeiro em Viena, onde participei dos encontros do Círculo, e depois em Praga.

De que o senhor lembra do seu primeiro encontro com Carnap?

Foi extremamente agradável desde o início. Carnap era um homem generoso. Ajudou-me imediatamente a encontrar um alojamento em Praga, o que não era empresa fácil. Eu acompanhava suas aulas e, quando não lecionava, ia encontrá-lo em casa, no limite extremo da cidade. Falávamos durante horas. Nesse meio-tempo eu lia seus manuscritos, quando sua mulher ainda os estava datilografando, e depois os comentávamos nos mínimos detalhes. Naqueles anos tornei-me uma espécie de "devoto" da sua filosofia, da qual em seguida senti a necessidade de separar-me. Ele mesmo depois se afastou das suas posições iniciais, mas nos separamos de maneira e em direções diferentes. Discutimos longamente cara a cara e por escrito: a University of California

Press só agora está publicando um volume que reúne toda a nossa correspondência daqueles anos. Permanecemos bons amigos até o fim, e mesmo que às vezes discorde dele em muitos pontos, creio que Rudolf Carnap foi o meu verdadeiro e único *maître à penser*.

Quem mais o senhor encontrou no Círculo de Viena?

Em Praga, encontrei Philip Franck que mais tarde veio a Harvard. E em Viena, Moritz Schlick, Friedrich Weissman e Kurt Gödel, que então estava no auge da fama internacional com a publicação do seu teorema de incompletude. Voltando de Viena, já conhecia bem o alemão, o que me ajudou muito na relação com Carnap. Tudo isso acontecia na véspera do advento nazista. Em Varsóvia, o único interesse era a lógica matemática, mesmo se depois dela derivou uma verdadeira e própria filosofia da lógica. Em Praga, porém, Carnap irradiava um entusiasmo totalmente filosófico.

Qual foi o impacto do nazismo sobre essa corrente de pensamento?

Não havia nenhum que não fosse horripilante desde o início do Holocausto, muito antes que ocorressem todos os eventos impensáveis que se seguiram naqueles anos. O anti-semitismo já era tangível em Viena bem antes que os nazistas chegassem ao poder. Recordo as suásticas, as demonstrações na praça e as inscrições nas paredes contra os judeus. E depois os escândalos acadêmicos. Demitiram Albert Einstein da Academia prussiana. Fundaram um periódico especializado racista, dedicado à matemática, o *Deutsche Mathematik*. Foi concedido aos nazistas reocupar a Renânia, e foi então que para mim e para todos os inte-

A lógica do século XX

lectuais, filósofos e matemáticos que eu conhecia ficou clara a gravidade da situação.

Em 1938 eu estava em Portugal em um congresso, e muitos colegas me confessaram a sua decepção acerca do comportamento dos ingleses e de Chamberlain. Não conhecia ninguém, naquela época, que não estivesse aterrorizado e horrorizado com o nazismo. Quando se ouve dizer que as pessoas não se davam conta da depravação a que os nazistas tinham chegado, eu não acredito. É verdade: talvez não se conhecessem os detalhes dos campos de extermínio, mas o nacionalista exacerbado existia, numa nova Alemanha unida e revigorada. E depois, existia tanta maldade, tanta estupidez, e também indiferença, nos dois lados do Atlântico. Eu não entendo por que os Estados Unidos não entraram na guerra antes. Eu não agüentava mais.

Qual foi a sua posição a respeito da situação política? Aderiu a uma espécie de "engajamento social"?

Mais do que isso. Eu não tinha sido inscrito nas tropas regulares pela idade e pela minha posição aqui em Harvard, então fui voluntário como oficial da Marinha. Pensava que a cultura ocidental estava à beira de um colapso, e que meu interesse principal, a filosofia da lógica, podia ser deixado de lado. Durante três anos de fato não li uma única linha de filosofia nem de lógica.

Isso foi depois de 1939, que o senhor próprio descreveu como o grande ano do Departamento de Filosofia de Harvard, que hospedava ao mesmo tempo Bertrand Russell, Alfred Tarski, Carnap e todo o grupo de Viena.

Voltei da Europa em 1933, e obtive um cargo de pesquisador junto à Society of Fellows. Em 1938, comecei minha verdadeira e própria carreira de docente. Mas já em 1936, Carnap veio pela primeira vez, por ocasião do tricentenário da Universidade de Harvard. Justamente naquele ano, eu tinha dado diversas conferências públicas sobre o seu pensamento. Esperava que Harvard o assumisse, mas não foi possível fazer nada, e ele acabou se estabelecendo na Universidade de Chicago. Desde meados dos anos 30, Carnap começou a pertencer a esta metade do mundo. Tarski chegou em 1939, e arranjamos-lhe um cargo no City College de Nova York. Anos memoráveis aqueles de 38 a 41.

Qual era o papel de Russell nesse contexto?

Na verdade, eu o tinha encontrado antes, e já mantínhamos contato epistolar. Ele veio em 1931 para uma conferência em Harvard, da qual eu fiz a apresentação. Depois, em 1934, saiu meu primeiro livro, *A system of logistic* [*Um sistema de logística*], do qual eu tinha discutido algumas teses com Russell. Era um homem muito aberto: conservo muitas de suas cartas com comentários e objeções àquele meu primeiro volume. Sinto que devo muito a Russell, tanto no que diz respeito à lógica quanto à filosofia. Lembro a fascinação que exerceram sobre mim, do ponto de vista filosófico, *Our Knowledge of the External World* [*Nosso conhecimento sobre o mundo exterior*], a sua *Introduction to Mathematical Philosophy* [*Introdução à filosofia da matemática*], e naturalmente os *Principia Mathematica*.

Russell, porém, não foi apenas um lógico, mas um dos filósofos que, na tradição do nosso século, demonstrou mais interesse pelos grandes eventos políticos e sociais. Sua fé pacifista o levou simplesmente à prisão durante a Primeira Guerra Mundial e, mais tarde, a instituição do Tribunal Russell ganhou a ribalta da crônica internacional por ocasião da intervenção americana no Vietnã.

Particularmente, nunca fui atraído nem pelo socialismo nem pelo comunismo, como Russell, e ainda menos pelas suas críticas aos Estados Unidos quando, já velho, protestou contra a intervenção americana no Vietnã. Foi o nazismo que despertou em mim um sentimento político. Antes de 1932, eu deixava de ler os jornais durante dias. Depois, comecei a preocupar-me.

Durante o tempo em que o senhor esteve em Viena, a fenomenologia era um florescente campo de estudo. Três anos antes de sua chegada à Áustria, Edmund Husserl havia publicado Lógica formal e transcendental *(1929), e, em Freiburg, seu aluno favorito e sucessor, Martin Heidegger, estava trabalhando em* O que é metafísica?*, pavimentando o terreno para que o existencialismo se separasse definitivamente da fenomenologia.*

A tradição fenomenológica nunca me atraiu muito. Eu li com dificuldade as *Investigações lógicas*, de Husserl, mas não consegui captar as regras do jogo; muito daquilo era questão de introspecção e seus termos pareceram-me vagos. Alguém tentou traçar uma ligação entre minha filosofia e sua fenomenologia. Nunca fiquei muito convencido disso, embora reconheça que Husserl e eu, de maneiras muito diversas, tenhamos nos ocupado de alguns temas comuns. Estou interessado na combinação do behaviorismo e da neurologia, e ele estava interessado na introspecção.

O behaviorismo, ou comportamentalismo, foi interpretado como uma variante do pragmatismo no âmbito das ciências sociais, em pedagogia, em sociologia e também em psicologia. O que significou para um lógico de formação matemática como o senhor?

O behaviorismo me acompanhou desde o início. Stetson, meu professor de Psicologia na faculdade, deu-me para ler *Psychology from the Standpoint of the Behaviorist* [*A psicologia do ponto de vista do behaviorista*] de John B. Watson, e quando cheguei a Harvard

A filosofia americana

conheci Burrhus Skinner. Um grande amigo. Na época do nosso encontro, ambos nos sentíamos behavioristas. Creio porém que é na neurologia, e não no comportamento, que se deve identificar a razão última. O comportamentalismo é indispensável no sentido metodológico, porque fornece critérios. Se quisermos isolar o mecanismo neurológico, ou então dos estados ou dos processos mentais de tipo introspectivo, são necessários pontos de partida sólidos, verificáveis objetivamente: neste sentido os critérios comportamentais estabelecem os próprios termos do problema, cuja solução está na neurologia. Como em medicina: no caso das doenças infecciosas, procuram-se os microrganismos que são a causa. Mas com eles não se identifica a doença, que é caracterizada pelos sintomas. O comportamento de grupo é o sintoma, compreende os sintomas dos estados mentais, como os sintomas de origem médica representam os critérios de definição da doença, da qual o microrganismo é a causa mecânica.

Em que a sua posição se distingue das teses clássicas do behaviorismo, e de Skinner em particular?

Skinner e eu compartilhamos um ponto de vista fundamental: que grande parte da pesquisa, não do tipo mais profundo, mas daquele mais epidérmico, é praticável a partir do plano puramente comportamental; trata-se de descobrir simples recorrências de comportamento. É como na economia: tomemos por exemplo o caso do desemprego. Para formular esse conceito, não é necessário reduzir o fenômeno econômico ao comportamento de indivíduos específicos, o que certamente seria caótico e improdutivo. As unidades e as recorrências são caracterizáveis no nível médio. E esse nível médio, em psicologia, se chama behaviorismo.

Essa idéia de que existem conjuntos de recorrências integráveis, do menor para o maior, parece de matriz organicista. E de fato, para definir

A lógica do século XX

numa palavra a sua linha de pensamento, o senhor traz à baila um conceito bastante próximo ao de organicismo: o "holismo" filosófico. A idéia segundo a qual qualquer organismo, biológico ou psíquico, deve ser entendido mais como totalidade organizada do que como soma de partes distintas.

Holismo significa para mim a convergência de várias hipóteses, teorias, crenças, verdades, por isso se nos concentrarmos apenas em uma, as outras sobrevêm, como conseqüência e em auxílio. Em alguns de seus escritos, Carnap mostra um apreço pelo holismo, fala com admiração de Pierre Duhem, fundador com Poincaré e Milhaud do convencionalismo. Mas, como outros expoentes do Círculo de Viena, não tira disso as devidas conseqüências. Carnap e os outros vienenses apreciam o fato de extrair hipóteses ulteriores de apoio à tese, mas não consideram que quando as hipóteses são avançadas seriamente, não apenas o esforço é imenso, como é denso de conseqüências práticas. Até em matemática, na aritmética e na análise diferencial aplicada, as leis podem tornar-se operativas: todas as leis fazem parte do mesmo emaranhado holístico, que já implica, desde o início, os resultados experimentais e as previsões. Dessa maneira, evita-se o dilema de Carnap, segundo o qual a matemática ainda tinha um significado mesmo sendo privada de conteúdo. E ainda mais, ajuda a compreender a necessidade da verdade matemática, que Carnap procurou explicar por meio do conceito de "analiticidade", que, a meu ver, está ligado com fio duplo ao seu contrário, a noção de "sinteticidade".

A retomada da perspectiva holística assinalou então o momento mais decisivo da sua separação de Carnap e dos positivistas lógicos?

Certamente da minha separação de Carnap. Mas eu gostaria de dizer ainda que atenuei a forma extrema de holismo que defendia nos meus primeiros escritos. Se tomarmos ao pé da letra o quadro holístico, conclui-se que, excetuando-se a lógica e a matemática, a ciência é uma só. No entanto, não é verdade. Além da lógica e da matemática não existe apenas a extravagância. Hoje parece-me que não existe uma ciência só, mas um emaranhado de leis, tão grande e complexo que não pode ser compreendido por uma única lei, e que implica condicionais de observação [*observational conditions*], isto é, categorias de definições de situações observáveis. O vínculo entre a ciência e a observação experimental é estabelecido por esses condicionais ou "categóricos". O holismo é necessário apenas na medida em que, com ele, obtém-se uma combinação mais ampla dessas categorias sujeitas a experimentação e controle.

Esse seu interesse pela ontologia fez suspeitar de sua separação da filosofia analítica, mais rigidamente ancorada na herança de Carnap e do neopositivismo. Mas por que, na sua opinião, depois da Segunda Guerra Mundial essa corrente de pensamento, afinal de contas tão diferente do pragmatismo e da tradição americana anterior, teve tanto sucesso nos Estados Unidos?

Os Estados Unidos foram certamente influenciados pela Inglaterra, mas no sentido de uma outra tradição analítica em relação àquela que deriva do Círculo de Viena. Eu me considero ainda filho da corrente vienense, cujo ponto focal foi a lógica matemática. Wittgenstein serve de ponte entre os vienenses e autores como John Austin e Peter Strawson, formados em Oxford e Cambridge. Quem remonta porém à matriz vienense tem Mach e Russell como progenitores, mesmo se Russell, como Wittgenstein, seja outra ponte entre as duas escolas. Na América, há os que o absorveram através do Círculo de Viena e os que o assimilaram mediante a escola analítica inglesa. Ao contrário da filosofia analítica de matriz britânica, cujo horizonte é circunscrito à *everyday language*, a de derivação vienense tem contatos muito fortes com a ciência e a formalização da sua linguagem. E no período entre as duas guerras, isso se encontrou com um aumento da "curiosidade científica", estimulada na América pela grande imigração de cientistas europeus, sobretudo alemães e austríacos.

Não julga o senhor que os "grandes emigrados" vienenses, aos olhos dos americanos ainda fascinados pelo New Deal, *representaram também uma forma de pensamento livre e liberal, antagonista em relação àquela impostação historicista, vista muitas vezes como pano de fundo das ideologias totalitárias?*

Isso é verdade em parte, já que acredito que uma tal reação anti-historicista já estivesse presente na América antes da sua chegada. Para mim permanece preeminente a motivação científica. Desde o início houve um grande intercâmbio entre os vienenses e os cientistas. Philip Frank, que tinha emigrado entre os últimos em 1936, ocupou a cátedra de Einstein em Princeton, e Carnap foi para lá muitas vezes. Lecionavam sobre as mesmas teses, liam os mesmo autores.

Muitas vezes, em seguida ao seu afastamento do positivismo lógico e da filosofia analítica, definiu-se o seu pensamento numa perspectiva "pósanalítica". Se tivesse que pensar em qualquer outro filósofo pós-analítico, quem o senhor citaria?

Certamente Donald Davidson. E depois Roger Gibbson e, por certos aspectos, Hilary Putnam. Naturalmente, não poderia excluir Nelson Goodman, com quem escrevi a quatro mãos. Goodman foi meu *graduate student* quando eu era ainda *instrutor* em Harvard. Encontrávamo-nos à noite e discutíamos questões filosóficas. Depois ele se transferiu para a Universidade da Pensilvânia por alguns anos e nos distanciamos. Em todo caso, sinto empatia intelectual tanto, e talvez mais, na Europa que na América. Na Inglaterra o discurso é outro: embora eu tenha passado uns dois anos em Oxford, e eu tenha tantos amigos, não sinto uma grande repercussão do meu trabalho.

Voltando a Viena, no início dos anos 30, na sua primeira viagem européia, o senhor se recorda se houve intercâmbios entre o Círculo de Viena e o mundo da arte e da literatura?

Não, na verdade eu estava em contato só com filósofos. Seguia as conferências de Schlick sobre a teoria do conhecimento, que naquela época não me interessava muito. Eu seguia quase só para refinar meu vocabulário. Falar correntemente o alemão filosófico foi de imensa ajuda para mim em relação a Carnap e aos poloneses.

E em outros momentos da vida, a arte por acaso lhe serviu de apoio ou de inspiração?

Quando eu era jovem fiquei muito fascinado por uma curta obra de literatura que julgo ter influenciado minha escolha pela filosofia: o conto "Eureka", de Edgar Allan Poe. Poe eu li inteiro, embora não consiga lembrar por que motivo. Quando o reli muitos anos depois, achei-o insuportável. Havia tanta cosmologia, ligada à astronomia atrasada do início século XIX. Creio que me fascinavam então as suas conjeturas sobre a origem do planeta por uma nebulosa. Impressionava-me a combinação entre a *grandeur* do quadro cosmológico e a língua redundante em que o apresentava. Imediatamente procurei escrever narrativas no estilo pomposo de Poe. Mas o meu interesse pela matemática e pela filosofia foram sempre mais fortes, e a idéia inicial de bancar o escritor me levou depois a outro tipo de escritura...

Como ocorreu o salto de Poe para a lógica matemática?

O meu interesse pela ciência formava um todo com o meu interesse pela filosofia: a realidade, o universo. Até os físicos teóricos estudam isto: as razões filosóficas do universo. Talvez eu tivesse sido um físico, se não odiasse tanto o lado experimental que a física comporta. Sou uma espécie de "mecanófobo": não suporto as máquinas.

As suas palavras me fazem pensar nas origens da filosofia e nos grandes físicos pré-socráticos: Tales, Anaximandro, Anaxímenes. Cosmólogos e ao mesmo tempo navegadores. Filhos de uma grande cultura da navegação, a grega, que é no fundo também a americana: basta pensar em Melville.

O conceito de viagem é sobretudo cultural. Viajar para mim significa ultrapassar limites mentais e culturais. E talvez isso tenha a ver com a alternância das gerações: meu pai tinha uma verdadeira paixão por máquinas, tanto que montou uma fábrica de máquinas pesadas, e odiava viajar. Eu, ao contrário, como o meu avô, sempre fui apaixonado pelas viagens. Estive em todos os seis continentes e dei conferências em 113 países. Meu avô era um navegador. E talvez eu também me sinta um navegador. Um navegador da lógica.

Visões pós-analíticas

Donald Davidson

A fascinação do pensador Donald Davidson está no rigor da pesquisa: um trabalho de paciente e criativa desconstrução dedicado por mais de trinta anos àquela linguagem, metade analítica metade pós-analítica, que está na base da obra de Willard van Orman Quine. O câmpus de Harvard, a alguns quilômetros de Springfield onde nasceu em 1917, foi o palco do encontro entre o jovem Davidson e Quine, mestre e fiel companheiro de desafios intelectuais. Era o início da Segunda Guerra Mundial, durante a qual Davidson, como Quine, decidiu alistar-se como voluntário na Marinha, de 1942 a 1945.

No início da guerra, nos seminários de Quine, Davidson apreendeu um novo horizonte temático da filosofia que, sob a direção do último Whitehead, tinha até então identificado num terreno muito próximo da história das idéias. A sua tese sobre *Filebo* de Platão atesta esta primeira fase, que todavia deixará não poucos traços no seu trabalho sucessivo de filósofo pós-analítico.

A operação conduzida por Davidson sobre o horizonte teórico aberto por Quine se desenvolve mediante uma série de ensaios reunidos em volume apenas duas vezes: em 1980, com o título *Essays on Actions and Events* [Ensaios sobre ações e eventos], e em 1914, em *Truth and Interpretation* [Verdade e interpretação]. No seu intento fundamental, essa pode ser definida como a tentativa de inserir, no universo singularmente "perceptivo" do empirismo, o tema ético e lingüístico da intersubjetividade. Como escreveu Richard Rorty, do empirismo lógico de Quine, Davidson "manteve a lógica deixando de lado o empirismo". Em outros termos, isso significa que Davidson, mesmo conservando sua atenção na linguagem inaugurada por Quine, não subscreve sua epistemologia, ainda toda radicada no solipsismo perceptivo típico do sujeito empírico.

Em Quine, afirma Davidson, como também em Rudolf Carnap e em muitos outros empiristas, sobrevive uma tendência cartesiana que consiste em crer que cada um de nós pode "construir" o mundo tal como ele se apresenta aos sentidos perceptivos. Isso pressupõe que a linguagem, ou a mente, "organiza" a realidade dos sentidos segundo determinados esquemas conceituais. Ao contrário, tanto a linguagem como a mente são parte, com o mundo, de um único esquema conceitual, de matriz e desenvolvimento intersubjetivo. Para Davidson, não é possível perder a faculdade de falar uma língua mantendo ao mesmo tempo uma determinada capacidade de pensamento. Toda a realidade, subjetiva e objetiva, é uniformemente constituída e nutrida de linguagem e interpretação.

É bem verdade que Quine, admite Davidson, conservou a possibilidade de uma filosofia da linguagem libertando-a de um pesado "dogma" do empirismo: a distinção entre enunciados analíticos e sintéticos, ou entre a arquitetura do pensamento de um lado e o conteúdo do pensamento do outro. Sem a opção "pragmática" de poder escolher um esquema conceitual em razão de sua maior eficiência em relação a objetivos contingentes de pesquisa, a filosofia não teria podido avançar da maneira como o fez.

Mas na sua tentativa de "tornar o empirismo cientificamente aceitável", Quine não se exime de repropor um terceiro dogma: o do solipsismo perceptivo da mente, de uma verdadeira e própria *privacy of the mind*.

Não existem percepções ou reações puramente subjetivas, a identificar como ponto de partida original e sucessivamente organizar dentro de uma moldura mental. Nada, no mundo, é resultado de puras estimulações nervosas; tudo é "situação" ou "evento", que depende do fato de estarmos em constante comunicação com outras pessoas, indivíduos ou objetos com os quais interagimos no mesmo contexto de significados.

O pensamento depende de uma configuração triangular de relações, que envolve pelo menos dois interlocutores e uma série de eventos compartilhados. O que é dado ao indivíduo não são, em última instância, os órgãos sensoriais, mas sim essa triangulação comunicativa. Não a percepção, mas a intersubjetividade e a sua interpretação estão na base do conhecimento.

E então lhe perguntamos: o que separa Davidson da perspectiva interativa do pragmatismo? Ainda mais que até mesmo sua voz mais recente, Richard Rorty, quis reconhecer nele um companheiro de viagem? Na tradição pragmatista, de Charles Peirce a Clarence I. Lewis, na base do pensamento está de fato o processo comunicativo, entendido como obtenção de um consenso, junto a uma determinada comunidade social ou científica.

Ao contrário, para Davidson, a noção de consenso permanece secundária, e é justamente sobre isso que atua a sua originalidade fundamental em relação à perspectiva pragmatista. A intersubjetividade é a raiz do pensamento, no sentido de uma sua condição transcendental, que portanto não necessita de consenso. Falar de consenso significa pressupor que subsistem idéias precedentes ao consenso, que, confrontadas com outras idéias, levam a um acordo. Segundo Davidson, a linguagem, entendida como produção intersubjetiva de significado, vem antes de tudo: antes de compartilhar uma visão do mundo não existem idéias.

A filosofia americana

Do ponto de vista europeu, o senhor é o protótipo do filósofo americano do segundo pós-guerra. Uma formação estritamente analítica serve de fundo a um itinerário fiel a si mesmo, construído passo a passo ao longo de um percurso todo disciplinar e protegido das muitas inquietações históricas e sociais.

O sentimento de pertencer a uma tradição vem com o tempo; quando jovens não nos damos conta de nada. Eu cursei toda a universidade em Harvard, até o doutorado, e a figura mais importante da minha formação foi, sem dúvida, Alfred N. Whitehead. Era inglês e depois se transferiu para a América; mas a sua filosofia, mesmo vista retrospectivamente, não me parece radicada em nenhuma tradição. Whitehead tinha uma impostação histórica muito forte, e, tal como o conheci, era realmente difícil adivinhar a sua proximidade com Russell. Sim, tinham trabalhado juntos nos *Principia Mathematica*, mas daquele passado não tinha restado mais nada. Os seus "gostos" filosóficos eram muito semelhantes aos meus daquele tempo: era extremamente metafísico no caráter e muito inclinado a formular uma idéia "sua" da história do pensamento. Na época, eu tinha também interesses literários e foi só no fim da faculdade que comecei a apaixonar-me seriamente pela filosofia, deixando de lado a história das idéias.

Quando aconteceu o encontro com Quine?

Ali pela metade do curso de doutorado, sempre em Harvard. Quine acabava de chegar da Europa, onde tinha encontrado os filósofos austríacos do Círculo de Viena, os lógicos poloneses e checoslovacos. Nosso encontro deslocou o foco dos meus interesses, embora continuasse a trabalhar no campo da filosofia clássica, sobre o qual escrevi minha tese de Ph.D dedicada ao *Filebo* de Platão. Mas se me perguntar como vejo hoje a situação histórica em que me encontrava na época, o discurso é diferente. É bem verdade que foi Quine quem exerceu a influência intelectual mais importante sobre mim. Mas isso não impede que também Clarence I. Lewis tenha sido muito importante.

Lewis foi um pensador pragmatista, relativamente pouco conhecido na Europa, que até Quine cita como ponto de referência cardinal...

Visto sobretudo com os olhos de hoje, é fora de dúvida que Lewis teve um impacto muito forte sobre Quine. Tal como para Quine, também para Lewis o interesse pela lógica era prioritário, mediado porém por uma estranha combinação entre a tradição do empirismo inglês e Kant. Lewis conseguiu a incrível façanha de ligar Kant aos empiristas, fazendo uma leitura original do pragmatismo americano. Mas não sei se Quine aprovaria essa leitura: não poderia desconhecer a influência do empirismo inglês e do pragmatismo americano sobre o seu trabalho, mas seguramente negaria aquele elemento kantiano que lhe deriva justamente de Lewis e o distancia das minhas posições atuais. Lewis tinha sido estudioso de Kant, além de um importante epistemólogo. Sua combinação entre o pragmatismo e Kant já tinha sido prefigurada por John Dewey, que a assimilou diretamente na Europa pela sua formação hegeliana. Como percurso histórico, vejo um núcleo propulsor na filosofia pós-kantiana alemã, sucessivamente assimilada pelo pragmatismo em diversas combinações, que, passando por Peirce e Dewey, chegam a Lewis e Quine.

Nesse sentido, o senhor não identifica uma linha distintamente americana de pensamento?

Creio que a única linha estritamente americana é o pragmatismo. Não tenho uma idéia clara do papel filosófico do pragmatismo, ou pelo menos não tão clara quanto Richard Rorty, que está convencido de que até eu sou pragmatista.

E por que o senhor não se considera um pragmatista?

Não o nego, mas não compreendo precisamente o que quer dizer. Para Rorty, ser pragmatista indica um modo particular de ser antimetafísico. A certa altura, ele próprio construiu uma teoria pragmatista da verdade, mas depois a abandonou. Recordo um artigo seu intitulado "Truth, Pragmatism, and Davidson" ["Verdade, pragmatismo e Davidson"], no qual explica muito claramente por que me considera um pragmatista. Segundo ele, eu deixei para trás a pretensão de definir a verdade de determinada maneira e abandonei a idéia de que os filósofos procuram um tipo de verdade particular. Tudo verdadeiro: mas não creio que essa seja mais pragmatista do que outras posições.

De certo modo, não é verdade que, Quine mais do que o senhor, mas ambos tendem a desconhecer a influência pragmatista em favor da linha européia, que parte de Carnap, Reichenbach, os autores do Círculo de Viena e chega até Larski e os lógicos poloneses?

Um ponto de partida de Quine, e também meu, é o abandono da distinção entre analítico e sintético. E certamente Quine não pode deixar de reconhecer que existe nisso um componente pragmatista. A idéia de poder escolher esquemas conceituais em razão da sua maior eficiência científica é certamente o divisor que separa Quine dos positivistas lógicos europeus, os quais, quanto ao resto, tiveram uma enorme influência sobre ele, e depois, através dele, sobre mim.

Esse é um ponto interessante: que a supressão da distinção entre analítico e sintético tenha uma base pragmatista.

Negar a distinção entre analítico e sintético significa que não se pode estabelecer uma fronteira entre a arquitetura do pensamento, de um lado, e o seu conteúdo, de outro. Cada um é livre para escolher para si uma "estrutura". Este já tinha sido o grande passo de Lewis, que todavia não pôs em crise a distinção entre analítico e sintético. As continuidades são na realidade mais complexas do que se procurou simplificar antes. Lewis era um pragmatista no que diz respeito à liberdade de escolher um esquema conceitual: uma vez isolado e adotado, porém, ele continuava a mover-se no âmbito da distinção entre analítico e sintético. E essa oscilação, Lewis a dividia com Rudolf Carnap, o qual também pensava que se podia escolher a língua na qual falar, mas pensava que justamente a escolha dessa língua desenhasse a linha de fronteira entre analítico e sintético. Foi realmente uma inspiração original de Quine ser o primeiro a perguntar: uma vez que se tem uma linha numa teoria, como se decide aonde leva essa linha? A resposta é que não existe maneira de estabelecer isso. Do ponto de vista do seu impacto histórico, essa é certamente a "invenção", se podemos chamar assim, mais importante de Quine, porque muda completamente a maneira de pensar a linguagem e o pensamento.

O senhor estaria então muito mais propenso a identificar-se numa koiné ocidental do que numa tradição especificamente americana?

Um fato histórico indestrutível, na história do pensamento americano do século XIX, é o incrível impacto do grupo dos neopositivistas europeus. Um pouco antes e um pouco depois da guerra o movimento transferiu-se quase totalmente para os Estados Unidos, e para mim eram os anos do doutorado e dos primeiros compromissos. Era impossível resistir-lhe.

À luz dos caminhos que a filosofia americana tomou nas décadas sucessivas, por que foi justamente o positivismo lógico e não outros mo-

vimentos europeus, como a Escola de Frankfurt, que se impôs hegemonicamente no cenário dos Estados Unidos?

Por um conjunto de eventos concomitantes. Vou tentar reconstituir alguns deles. Muitos dos positivistas lógicos eram austríacos e, a certa altura, a vida na pátria tornou-se impossível para eles. E não necessariamente pelo problema racial: alguns eram judeus, outros não, alguns apenas tinham esposas judias, como Carl Hempel, e outros ainda julgaram intolerável o clima intelectual. A maioria estabeleceu-se primeiro na Inglaterra e, depois, num segundo momento, veio para os Estados Unidos. Ao mesmo tempo, muitos dos jovens americanos mais brilhantes tinham cursado períodos de estudo do outro lado do oceano: alguns tinham concluído o Ph.D em Oxford, na Inglaterra, e tinham sido influenciados por Wittgenstein e por Russell, o qual, por sua vez, já era muito lido e vinha sempre aos Estados Unidos. Eu particularmente não pertenço a esse grupo: a primeira vez que fui à Inglaterra foi nos anos 50 e já naquele tempo minhas posições filosóficas eram muito definidas. Não tive tempo para ser influenciado pela tradição inglesa, embora, por minha conta, tenha lido muito Ryle, Austin e Strawson.

O senhor não acha que existe uma espécie de divergência estrutural no panorama da filosofia analítica anglo-americana, constituída pela persistência de duas escolas de pensamento distintas e conflitantes: de um lado a tradição inglesa, inaugurada por Russell e Wittgenstein e dedicada à análise da ordinary language, *e do outro, a tradição mais formalista de origem austríaca, iniciada por Carnap e pelos membros do Círculo de Viena, e depois substituída pela corrente analítica americana?*

Tudo depende do que se entende por filosofia analítica. Se for pensada como uma orientação interessada no método científico e na lógica, certamente isso chegou aos Estados Unidos mais pelo continente do que pela Inglaterra. Particularmente, creio ter sido influenciado tanto pelos positivistas europeus e pela sua paixão pelo método científico e pela lógica quanto pelo movimento, ou melhor, pela atmosfera inglesa de atenção ao cotidiano, à esfera chamada de *ordinary*. Não porque tenha viajado durante minha juventude; mas por via das leituras com as quais sempre me nutri. Pensando no meu primeiro artigo importante, "Actions, Reasons, and Causes" ["Ações, reações e causas"], eu procurava combinar esses dois elementos de uma maneira que não era muito comum naquele tempo. Para mim, a proveniência das idéias é uma problemática retrospectiva. Quando comecei a escrever, nunca me perguntei de onde ou de quem determinada idéia podia derivar. Segui meus interesses sem me preocupar demais com os outros.

A sua primeira operação teórica foi então a de conciliar as duas tendências, do formalismo vienense, de um lado, e do movimento inglês da ordinary language *de outro.*

Retrospectivamente, poderia ser uma maneira para caracterizar uma linha de tendência, mas, naquele tempo, não era certamente o meu objetivo. Eu só comecei a publicar muito tarde. Meu primeiro trabalho foi redigido em Stanford, em colaboração com Patrick Suppes. Foi Suppes, juntamente com J.-J. C. MacKinsey, quem me introduziu na *decision theory*, que pode ser considerada filosofia pelo menos como psicologia e economia. Esse interesse teve grande seqüência no meu trabalho posterior. Se me pedisse para aprofundar os antecedentes da *decision theory*, eu citaria certamente o nome de Alfred Tarski. Nunca fui aluno dele, mas Tarski teve muita influência sobre Suppes e MacKinsey, e por meio deles, sobre mim. A contribuição de Tarski para a semântica foi o ponto de partida da minha fascinação por essa disciplina, na qual muitos descobrem a minha contribuição mais original. Naqueles anos, como se vê, não existia uma única forma de dualismo anglo-continental, mas uma rede de influências muito mais articulada.

Do ponto de vista do histórico da filosofia, o que sobretudo ilumina a sua visibilidade entre os protagonistas do cenário americano reside no papel central que o senhor atribui à noção de intersubjetividade. O senhor de fato foi o primeiro a inserir esse conceito dentro do quadro epistemológico pós-empirista inaugurado por Quine.

A problemática da intersubjetividade insere-se na minha tentativa de sistematizar a semântica. De um lado, com a semântica, assiste-se de fato à construção de uma teoria formal válida para um amplo fragmento das línguas naturais, o mais amplo possível. De outro, pergunta-se o quanto essa teoria espelha o comportamento de um indivíduo ou de um grupo de indivíduos, e é aqui que começa a problemática da aplicação. Vejo a filosofia da linguagem e da mente como um campo que deve ter uma teoria abrangente não apenas da linguagem, mas de todas as outras capacidades proposicionais, como por exemplo a formação do juízo. O primeiro aspecto, que se refere à construção de uma teoria abrangente, concerne à operação que eu chamo *spinning a theory*, que consiste em indagar a estrutura formal da linguagem e do pensamento. O segundo aspecto, que se refere à capacidade da teoria de refletir o comportamento social, implica o conceito de interpretação. E a esse respeito a pergunta fundamental passa a ser: se é verdade que a teoria interpreta alguém, quem é esse alguém?

O senhor não julga que essas afirmações depõem a favor do seu pragmatismo, em comparação, por exemplo, com Quine?

Não creio. Quine fez perguntas semelhantes, mas de maneira muito diferente, com muito menos ênfase sobre a teoria, pelo menos no que diz respeito à linguagem. Foi Quine quem primeiro se perguntou: qual é a evidência empírica pela qual alguém entende isto ou aquilo, dizendo determinada coisa? *Word and Object* é o primeiro livro que enfrentou essa interrogação. Nele, Quine não se preocupa em saber o que são os significados, e ao mesmo tempo procura conceber de um modo totalmente novo a natureza da comunicação, sem utilizar categorias herdadas como a sinonímia, a analiticidade e o significado.

Isso é verdade. Mas se eu lhe fizesse a pergunta de maneira mais direta e lhe dissesse: "Quem é mais pragmatista, Davidson ou Quine?", o que o senhor responderia? É difícil afirmar que a categoria da intersubjetividade, que o senhor foi o primeiro a introduzir nesse universo do discurso, não implica uma dimensão pragmática...

Na verdade, não sei dizer em que medida o conceito de intersubjetividade tem a ver com o pragmatismo. Com efeito, um dos primeiros pragmatistas, George Herbert Mead, que trabalhava na Universidade de Chicago e era antropólogo além de filósofo, pensava que não apenas o significado, mas o próprio pensamento emergia exclusivamente de um contexto de relações intersubjetivas. Eu, porém, pelo menos ao que eu saiba, não tirei essa idéia de Mead, embora seja verdade que durante o doutorado tenho lido muito esse autor.

Essa, porém, não era uma idéia só de Mead...

Sim, na realidade era uma opinião compartilhada por muitos outros pragmatistas, inclusive Dewey: a idéia pela qual nem mesmo o pensamento é possível a não ser no contexto de uma língua e de uma comunicação intersubjetiva. E é um fato que alguns aspectos dessa idéia estão presentes para mim há pelo menos quinze anos. Agora entretanto eu a vejo assim: para mim o pensamento é capacidade proposicional, entendida como formação de juízo ou percepção proposicional, no sentido de "perceber que", "sentir que" as coisas estão deste ou daquele modo. Esse conceito do pensar é interdependente. O que significa que não é possível atribuir conteúdo proposicional a criaturas que não têm capacidade de palavra. Num primeiro momento, procurei defender essa posição dizendo que não havia razão para afirmar que uma criatura intui a diferença entre como as coisas parecem e como as coisas são na realidade, para além de uma comunicação intersubjetiva. Mais recentemente, também a defendi de maneira mais direta dizendo que a própria idéia segundo a qual as reações de alguém são objetos no mundo – situações ou eventos – mais do que resultados de estimulações nervosas é algo que depende do fato de que estamos em comunicação com outras pessoas e interagimos no mesmo contexto de coisas. E naturalmente, o que nos permite interagir com outras pessoas não é o sistema nervoso, ou algo de subjetivo, mas antes os eventos do mundo externo.

Talvez seja o meu olhar europeu, infectado de débitos e genealogias, mas me parece que tudo isso é muito pragmatista.

Não sei. Talvez mais de Mead do que dos outros. É verdade que para Dewey também o pensamento e a linguagem têm um fundamento social. Mas quando se vai ver que tipo de argumentação ele constrói como suporte desta tese, não há nenhuma. Eu procurei fornecer razões. É quase um lugar-comum entre os pragmatistas afirmar que o pensamento e a linguagem são interdependentes, mas entre seus escritos não fui capaz de encontrar uma única argumentação capaz de demonstrar essa posição.

O que o senhor pensa da releitura neopragmatista do seu trabalho proposta por Richard Rorty?

Visões pós-analíticas

A dívida em relação ao pragmatismo é uma das poucas obsessões que não tenho. Estou consciente do fato de que sobre mim pesou a influência do pragmatismo por meio de Quine e Clarence I. Lewis. Mas quando tento reler os textos dos outros pragmatistas, como procurei muitas vezes fazer nestes últimos anos, eu os acho opacos. Dewey, que por certos aspectos foi fenomenal, jamais procurou dar razões argumentativas às suas posições. Escrevia o que pensava. Mas isso não reflete a maneira como eu entendo a filosofia.

O esforço da filosofia se resume então em "dar razões" e argumentações apropriadas a uma determinada posição?

A minha idéia é que o pensamento depende de um desenho triangular de relações, que compreende pelo menos duas pessoas e uma série de eventos compartilhados. Sob certos aspectos, estou consciente de que essa visão representa o lugar-comum do aprendizado de uma língua, verificável inclusive no plano intuitivo. Mas os filósofos sempre se recusaram a levá-lo a sério.

A metáfora do triângulo, constituído por dois interlocutores e um conjunto de experiências compartilhadas através da comunicação, é um daqueles lugares-comuns que Quine não reconheceria. A razão está naquilo que o senhor definiu como seu antecedente "cartesiano". Ou seja, a condição de isolamento da mente, de privacy of the mind, *em que opera o eu empirista de Quine.*

Quine quer começar daquilo que é dado ao indivíduo, que em última instância são os órgãos sensoriais. Esse é o "resíduo cartesiano" de Quine, e é também o traço comum que Descartes divide com os empiristas. Pessoalmente, é uma premissa que considero improvável. Não creio que seja possível afirmar que

73

aquilo que acontece nas terminações nervosas de cada um de nós tenha um particular significado epistemológico. E sobre esse ponto seria possível talvez estabelecer a única verdadeira continuidade entre o meu pensamento e o de John Dewey. Dewey também era um antiempirista nesse sentido: ele pensava que aprendemos seguindo o fluxo dos eventos e interagindo com as coisas do mundo. Parece-me profundamente justo. Mas não tenho certeza se Dewey disse muito mais a respeito da interação entre as pessoas. Estou de acordo com Dewey quando afirma que cada um de nós elabora uma imagem do mundo que depois comunica a mais alguém. Mas, acrescento eu, só temos uma imagem do mundo quando falamos dele com mais alguém.

Em certo sentido, então, o senhor radicaliza o ponto de vista "intuitivo" de Dewey. Não lhe basta mais afirmar, como os pragmatistas, que só se tem conhecimento a partir do momento em que as visões individuais do mundo são compartilhadas, mas chega até a afirmar que não é possível alcançar nenhuma visão do mundo para além dessa co-participação intersubjetiva.

Sim, e a este propósito eu queria dizer ainda duas palavras sobre aquilo que chamo de "visão cartesiana" do mundo, que é sobretudo uma metáfora e não um comentário sobre Descartes. Existe uma maneira de fazer filosofia segundo a qual as coisas "nos são apresentadas", sejam elas a crua experiência produzida pelos sentidos perceptivos ou o resultado de uma estimulação das nossas terminações nervosas. Emblematicamente, eu defino todas essas filosofias como variações do empirismo e do cartesianismo. Elas de fato pressupõem poder construir uma visão global do mundo a partir do indivíduo, entendido como evento isolado e irreproduzível. Ao contrário, a minha convicção é que, enquanto não temos idéia daquilo que ocorre nas mentes de outras pessoas, não tem sentido falar de objetividade, de algo que existe no mundo independentemente de nós. Os empiristas afirmam saber em primeira instância aquilo que ocorre no solipsismo da mente, e depois, apenas num segundo momento, aquilo que ocorre no mundo externo. Creio porém que primeiro é preciso compreender o que existe na mente dos outros. O resto depois vem por si.

Como o senhor definiria o conceito de "mente" no contexto da prioridade absoluta da intersubjetividade?

A mente nada mais é do que o cérebro. Depois, num certo ponto, pode-se começar a classificar as pessoas como indivíduos portadores de pensamentos. A base da objetividade é a intersubjetividade.

Mas se não existe objetividade sem intersubjetividade, como o senhor define o espaço da subjetividade? Nesse sentido, gostaria que o senhor falasse da mente.

Podemos distinguir entre três tipos diferentes de conhecimento. O mais importante, aquele sem o qual não existiria nenhum, é o conhecimento em terceira pessoa, isto é, o conhecimento daquilo que está na mente dos outros. O que implica que devemos estar em comunicação com alguém: devemos saber o que esse outro pensa, a fim de ter (não ainda de formar) um conceito da objetividade, isto é, uma imagem dos objetos num espaço público e num tempo público. Naturalmente, se temos conhecimento da mente alheia, devemos também, e ao mesmo tempo, ter conhecimento de um mundo compartilhado. O conhecimento do mundo externo, compartilhado, é o segundo tipo de conhecimento, ao qual se segue, como terceiro, o conhecimento daquilo que ocorre dentro de nós mesmos.

Existe uma diferença entre esses três tipos de conhecimento, o que podemos adquirir da mente alheia, o dos objetos comuns no mundo e o de si mesmo?

Certamente. E para compreendê-la é preciso partir de uma interrogação. Se nos perguntarmos quais são os critérios para estabelecer que tal e tal objeto tem três metros de comprimento, os próprios critérios são objetivos, no sentido de que estamos de acordo com outras pessoas sobre sua legitimidade. Por exemplo, medimos velocidade, comprimento e temperatura com base em números, enquanto as propriedades relativas dos números são um elemento de acordo intersubjetivo. Mas quando se trata de seguir o fio dos pensamentos de alguém, não há maneira de concordar sobre um critério, porque o contato entre as nossas mentes é a própria base do critério a utilizar. Quando nos perguntamos o que alguém pensa, acredita, quer, tudo o que podemos fazer é colocar em relação os seus estados mentais com os nossos. Não existe uma unidade de medida pública, com a qual sopesar o que ocorre na mente dos outros, mas apenas um sujeito da unidade de medida. E aqui, agora percebo, emerge um pequeno paradoxo: a intersubjetividade representa a esfera em que cada um de nós utiliza os seus pensamentos para dar sentido aos pensamentos dos outros. Em outras palavras, entre nós toma corpo uma forma de intersubjetividade que é a objetividade.

O conhecimento da mente alheia vem então antes em relação ao conhecimento do mundo exterior.

Sim, e é essa a razão pela qual, a meu ver, as ciências sociais e as ciências naturais se movem sobre planos epistemológicos diferentes e inconciliáveis. Quando se fala de outras pessoas, a unidade de medida que utilizamos não é compartilhada. Ao passo que quando se fala do mundo exterior ela é. Os objetos exteriores estão eqüidistantes de nós e nós os triangulamos. Mas se nos interrogarmos sobre o tipo de comunicação que ocorre entre as duas mentes, trata-se de uma natureza diferente.

E o terceiro tipo de conhecimento, o de si mesmo?

Quando se chega ao terceiro tipo de conhecimento, que é o da nossa mente, não se pode mais nem sequer falar de critérios. Não tem sentido perguntar: a minha frase, "a neve é branca", significa realmente que a neve é branca? A auto-interpretação não tem fundamentos, a menos que se escore na psicanálise. E então o eu se desdobra: interrogamo-nos sobre nossa própria mente a partir do outro que reside em nós, e assim por diante. Mas de maneira geral é impossível interpretar-se a si mesmo com base em uma evidência qualquer. Somente quando as coisas não funcionam é que se começa a olhar para si mesmo como se fosse de fora.

Agora entendo melhor a sua posição anticartesiana...

Na realidade, há um aspecto pelo qual eu também creio que seja possível saber o que acontece na própria mente sem recorrer aos outros, mas esta consciência não pode erigir-se como fundamento do nosso conhecimento do mundo exterior. Os empiristas, também como os "cartesianos", encontram-se concentrados numa mesma posição: o que acontece na nossa mente é o ponto de partida para começar a construir, por indução. Mas sobre esse ponto justamente não estou de acordo.

Seria possível dizer então que o consenso está na base da objetividade.

Consenso não é a palavra que gostaria de usar. Falar de consenso significa pressupor que cada um de nós não tem uma idéia sua que, confrontada com as outras, leva a um acordo. Ao passo que eu digo que não temos nenhuma idéia antes de compartilhar uma visão do mundo. O erro está justamente nisto: em crer que cada um de nós tenha *a priori* uma idéia sua e depois, quando se desenvolve a comunicação pela linguagem, identificamos o terreno sobre o qual estamos de acordo ou desacordo. Antes da comunicação, não existem idéias. Não devemos "chegar ao acordo". O problema é antes se conseguimos falar juntos, pensar juntos. Se conseguimos, significa que já compartilhamos muitas coisas...

E assim o senhor resolve também o problema do pluralismo: dada a simultaneidade entre conhecimento (pensamento) e comunicação (intersubjetividade), não se pressupõe a coexistência de um pluralismo de unidade. O senhor não julga que essa observação lança uma nova luz sobre a relação, ao mesmo tempo de interesse e de distância, que o senhor mantém com Jürgen Habermas? Para Habermas, a intersubjetividade é de fato, diametralmente em relação ao senhor, uma prática de confronto de diferentes pontos de vista, enquanto o consenso é o objetivo que todos os pontos de vista devem atingir para poder coexistir em recíproca liberdade.

Quando nos entendemos e podemos nos permitir um diálogo, então podemos estar de acordo, ou não chegar a um acordo, com conhecimento de causa. Mas o acordo e o desacordo dependem da compreensão recíproca. No momento em que a dialética se torna possível, as coisas de que me ocupo já aconteceram. Porque o diálogo implica que se compreenda um ao outro. Quando se chega a poder estar de acordo ou em desacordo já se divide muitíssimo.

A minha impressão é de que o senhor leva em consideração um nível mais transcendente do discurso.

Com certeza, Habermas intervém a partir de um estágio mais avançado, e politicamente bem mais importante. Seu pensamento está orientado num sentido muito político, ocupando-se de pessoas que se entendem bastante para poder estar em desacordo.

O senhor muitas vezes é classificado como estudioso de semântica, além de epistemólogo, sobretudo em relação a Quine. Mas quando penso no papel que o senhor atribui ao conceito de intersubjetividade, e no nível "transcendente" de toda a sua reflexão filosófica, não vejo a razão dessa distinção. O senhor é um epistemólogo para todos os efeitos...

Creio que essa classificação seja encorajada sobretudo por Quine... A distinção que Quine vê entre semântica e epistemologia, eu não a vejo de maneira nenhuma. Trata-se, mais simplesmente, de dois tipos de epistemologia. Considero que a sua epistemologia parte ainda de um ponto de vista subjetivo. Ele próprio a descreve assim: constatada a série de dados que nos fornecem os sentidos perceptivos, como formamos uma imagem do mundo? Sobre o plano epistemológico creio que seja um ponto de partida equivocado: o seu conceito de dados perceptivos é puramente subjetivo e é por isso que eu o vejo ainda inserido numa perspectiva "cartesiana". Contra mim, Quine afirma que o acordo de base, aquele que torna a comunicação possível em primeira instância, consiste na similaridade das reações nervosas. Ao contrário, a minha epistemologia parte da intersubjetividade, ou da experiência de compartilhar a objetividade. Em suma, Quine está convicto de que omito aquilo que é epistemologicamente mais significativo, e por isso não me reconhece o *status* de epistemólogo. Creio porém que o campo que ele atribui à epistemologia seja na realidade de pertinência da biologia... Não existe nada que se possa chamar de dado perceptivo, evidência, estimulação nervosa, enquanto não existir pensamento, e o pensamento pressupõe a intersubjetividade. Essa disputa entre mim e Quine permanecerá para sempre inconciliável!

Que efeito tem tudo isso em relação à unidade da ciência? Parece-me que isso seja também um dos pontos de ruptura com Quine...

Sim, efetivamente ainda é. Quine acredita na unidade da ciência, como os neopositivistas. Eu não. Há uma diferença de natureza como eu disse antes, entre o tipo de conhecimento que nos é dado adquirir da nossa mente, da mente dos outros e enfim do mundo exterior. Isso é visto por muitos como um modo para negar a unidade da ciência.

A filosofia, desse ponto de vista, deve ocupar-se de que tipo de conhecimento?

Do que quiser, mas sobretudo das relações entre os três tipos de conhecimento.

Mas se as ciências da natureza interrogam a esfera da objetividade, e as ciências do homem se concentram sobre conhecer a mente do outro, qual seria então a ciência que mais especificamente interroga a nossa mente? A psicologia?

Para mim, esse tipo de conhecimento é o menos interessante, porque não pode tornar-se a base para construir nada. É um fim em si mesmo. Cada um sabe o que pensa no seu íntimo, e portanto eu não o delinearia como campo específico de uma ciência.

Onde o senhor colocaria a psicanálise?

Em lugar nenhum. O seu objetivo é purificar e esclarecer o ponto de vista que cada um tem da própria mente. Entre homens, pode ajudar a serem mais lúcidos. Muitas vezes pensamos em coisas que não se coordenam muito bem. Mas certamente eu não a chamaria uma ciência.

Entre *new left* e judaísmo

Hilary Putnam

"Que o mister do filósofo se reduza a simplesmente pensar a solução de adivinhações lógicas parece-me limitante. Mas que a filosofia se identifique na ambição de salvar o mundo parece-me demasiado radical." O ponto médio entre esses dois extremos, da filosofia analítica, de um lado, e do puro impulso emancipativo, de outro, reside, segundo Hilary Putnam, numa reinterpretação da instância realista por meio das malhas do pragmatismo: numa nova versão de "realismo pragmatista".

Nascido em Chicago em 1926 e hoje docente da Universidade de Harvard, Putnam chegou a essa convicção percorrendo um itinerário bastante tortuoso. Sua carreira de pensador pós-analítico, que se estende com gesto enciclopédico da filosofia da mente à filosofia da linguagem, da epistemologia à ética, suportou de fato uma fase de profunda crise. Durante os anos 60, em concomitância com o engajamento pacifista de uma parte da esquerda americana contra a Guerra do Vietnã, Putnam se lançou de cabeça numa odisséia política que o fez representante de Harvard junto ao movimento dos estudantes democráticos (Students for a Democratic Society) e membro ativo de um grupo maoísta, o Progressive Labor Party. Sinais dessa militância permanecem no constante interesse, bastante excêntrico para um filósofo da sua formação, pelas teses históricas da Escola de Frankfurt, e sobretudo por um de seus epígonos mais recentes: Jürgen Habermas. Mas isso não é tudo. O fim do engajamento pacifista não resultou, como para muitos, num simples retorno aos limites canonizados da disciplina teórica, mas trouxe à luz uma consciência místico-teológica ligada à recuperação da tradição judaica, que, daí por diante, Putnam procurou integrar organicamente no seu quadro pós-analítico.

Excetuando-se o parêntese político, durante o qual, nas suas próprias palavras, jamais conseguiu "funcionar como filósofo", Putnam confiou o testemunho do seu complexo itinerário a uma obra de dimensão e estrutura monumentais. Uma espécie de *Gesamtwerk*, em três volumes publicados entre 1975 e 1983 e intitulados respectivamente *Mathematics, Matter, and Method;* [*Matemática, matéria e método*], *Mind Language and Reality* [*Mente, linguagem e realidade*] e *Realism and Reason* [*Realismo e razão*]. A estas se acrescentam outras publicações menos extensas, como a sua mais recente síntese programática, *The Many Faces of Realism* [*As muitas faces do realismo*], de 1987, que reúne os textos das Paul Carus Lectures, pronunciadas em Washington em 1985.

A recusa do horizonte estritamente analítico da sua formação, para Putnam, se completa com o abandono da idéia totalizante e determinista da Epistemologia com E maiúsculo, ou de um método universal com base no qual seja possível estabelecer quem tem razão, entre dois interlocutores, independentemente do conteúdo da disputa. Defendida pelo formalismo dos autores do Círculo de Viena, essa visão da epistemologia, segundo Putnam, está também na origem daquela tendência à exacerbada profissionalização disciplinar que acabou por identificar, como única coesão da filosofia analítica, "a sua constância nos preconceitos".

Somente o abandono do projeto epistemológico absoluto nos permite intuir novas e mais fecundas perspectivas, derivadas da analogia entre as próprias problemáticas epistemológicas e as ético-morais. A Epistemologia com E maiúsculo deve de fato ser substituída pelo conceito de "objetividade moral" que Putnam formula alinhado com os mestres do pragmatismo, entre os quais sobretudo William James. Confrontando uma série de posições éticas, históricas e científicas, Putnam conclui que em nenhum outro campo é lícito esperar uma fundação mais rigorosa do que no campo das crenças (*beliefs*), e em particular daquelas crenças que se põem como fundamento de um determinado período ou situação. O conjunto orgânico destes *beliefs* forma uma "imagem moral do mundo", que, enquanto estabelece as características de objetividade moral daquele mundo, pode ser considerada "real" ou fundadora.

Ao tirar essas conclusões, Putnam não se sente só: desde a tese sobre a relatividade ontológica de Willard van Orman Quine até a crítica avançada por Donald Davidson à distinção entre esquema conceitual e conteúdo, mitos pensadores pós-analíticos declararam a sua oposição à dicotomia tradicional entre o mundo "em si e por si" e os conceitos que usamos para pensá-lo e para discuti-lo. A diferença é que ninguém quis ampliar essa abordagem, que Putnam, com os pragmatistas, define "do ponto de vista do expectador", no território ético e moral.

A importância que Putnam confere à ordem moral, como pragmaticamente fundadora dos atributos de realidade do mundo, vincula-se à retomada do horizonte teológico do judaísmo, a partir do qual se recorta, para a filosofia, aquele impulso salvador que a obsessão formalista do pensamento analítico tinha feito esquecer. É justamente à bagagem da tradição bíblica que é, de fato, atribuída a formulação do conceito de "igualdade entre os seres humanos", sucessivamente secularizado e sistematizado por Immanuel Kant, que por sua vez o recebeu como herança de Jean-Jacques Rousseau e dos teóricos da Revolução Francesa. Contribuição única dos judeus à cultura ocidental, o ideal da igualdade universal entre os homens é uma das "imagens morais do mundo" preferidas por Putnam. Relida através da lente de alguns de seus autores-guia, entre os quais Søren Kierkegaard, William James e Ludwig Wittgenstein, a igualdade assume duas funções fundamentais no âmbito do debate contemporâneo: de um lado, como baluarte contra o niilismo típico do pós-estruturalismo francês; de outro, como emblema do ideal emancipativo defendido por aquela parcela da filosofia alemã que compreende Habermas e os herdeiros da Escola de Frankfurt.

Em comparação com outros filósofos americanos contemporâneos, o senhor parece mostrar mais animosidade em relação à corrente de orientação analítica, embora o senhor mesmo tenha sido um pensador analítico por um bom tempo. Como isso se dá?

A minha formação, como a de todos os jovens filósofos do pós-guerra, baseou-se naquilo que era preciso absolutamente ignorar como não-filosofia. Fomos educados para recusar os textos e os autores, em vez de nos deixarmos apaixonar. Creio que é uma tendência erradíssima, que deveria ser eliminada de qualquer escola, movimento ou Departamento de Filosofia.

Quase uma forma de censura, então. Quais eram os autores proibidos?

Lembro-me de ter adorado Kierkegaard, que era considerado uma espécie de poeta. Depois de Kierkegaard veio Marx, que me acompanhou por um longo período da vida. Sempre, porém, com um sentido de estranheza, porque tinham me ensinado que Marx também não era um verdadeiro filósofo, mas sim um teórico da sociedade. Freud era um psicólogo e seu pensamento não abrangia temáticas filosóficas, e assim por diante. Durante a *graduate school* e depois na condição de assistente, que são os períodos em que se desenvolve a maior parte da formação, meus interesses se restringiram, como que coagulados dentro de estreitos limites: aqueles demarcados pela filosofia analítica. Eu tinha mais de quarenta anos quando consegui libertar-me de tudo isso.

A filosofia "analítica" é um campo muito vasto e nada homogêneo, com uma história anterior de quase meio século. Imagino que o senhor se refira à escola americana.

Quando penso no meu encontro com o universo analítico, penso na corrente de pensamento inaugurada por Herbert Feigl e alguns de seus colaboradores, como Wilfred Sellars, que foram os primeiros a aproximar alguns elementos da reflexão analítica a várias formas de ontologia. O conteúdo dessas ontologias decidia a legitimidade filosófica dos autores e dos textos. Gilbert Ryle, John Austin, os empiristas lógicos, Bertrand Russell eram todos filósofos analíticos. Até mesmo John Dewey é relido dentro do movimento analítico. Mas essa foi uma atitude política, porque nenhum dos analíticos apreciava Dewey. Com tudo isso, quando penso nos desenvolvimentos que a filosofia analítica teve nestas últimas duas décadas, certamente não é automático relacioná-los com a matriz originária. Se o meu ego dos anos 50 acordasse de repente, depois de um longo sono, e olhasse em volta, não creio que definiria como "analíticos" aqueles filósofos que hoje se definem como tais.

O senhor é muito drástico, e é natural que o seu julgamento resulte hostil a muitos contemporâneos. Mas o que pensariam disso, se pudessem ressuscitar, os primeiros fundadores da filosofia analítica, como Hans Reichenbach e Rudolf Carnap?

Trabalhei lado a lado com Carnap durante dois anos quando eu lecionava em Princeton e ele estava no Institute for Advanced Studies. Mas estou absolutamente certo de que ele não reconheceria os atuais filósofos analíticos como sua progênie.

Em que base ocorre a sua separação do horizonte da filosofia analítica?

Foram os eventos dos anos 60 que, em certo sentido, a instigaram. Eu me deixei envolver muito pelo engajamento político. Fui membro do Students for Democratic Society e depois de um grupo maoísta dentro do SDs. Hoje não sou mais maoísta nem marxista, mas uma coisa me resta daquele período: a idéia de que a filosofia não é simplesmente uma disciplina acadêmica. Como diz Richard Rorty, não é simplesmente uma enésima *Fach*. E isso eu devo aos anos 60: um período de grandes transformações para a minha vida.

O senhor não acha que a interrogação sobre a filosofia como disciplina global, engajada no sentido social, ético e estético, é um traço tipicamente europeu-continental?

Creio que a idéia de uma "filosofia continental", em oposição a uma filosofia anglo-americana, já não é muito pertinente. As diferenças nacionais reapareceram. Hoje, por exemplo, a diferença entre a filosofia francesa e a alemã me parece que está se aprofundando tanto que o próprio conceito de *continental philosophy* perdeu a utilidade. No tocante ao pensamento italiano, assim como ao alemão, dizem que se "lê": os filósofos e os estudiosos lêem os colegas franceses e americanos. Os franceses ainda pensam que seja indispensável ler apenas os franceses.

O senhor está dizendo então que na Europa existem essencialmente duas grandes tradições, a francesa e a alemã. Em que se baseia a profunda inconciliabilidade entre ambas?

A filosofia alemã, desde o idealismo, manteve uma imagem "redentora" da filosofia. Habermas, em *Consciência e interesse*, afirma que na base de tudo está um "interesse redentor" do ser humano, uma espécie de salvação, pessoal e social. E creio que quase todo filósofo alemão veja a filosofia no sentido de uma missão salvadora e redentora. Na filosofia francesa isso não existe, a não ser oculto nas entrelinhas. Era latente em Sartre, certamente. Mas, desde o fim do existencialismo, o pensamento francês alienou-se numa política que absolutamente não aprovo, que consiste em derrubar tudo: e depois talvez alguma coisa ressurgirá. E é a mesma política que levou Hitler ao poder na Alemanha. Fico contente de que os filósofos franceses não tenham mais poder político do que efetivamente têm...

O senhor se refere aos movimentos da desconstrução e do pós-modernismo?

Refiro-me a todos aqueles que pensam que a nossa cultura seja tão repressiva que deva ser destruída, para permitir que de suas cinzas renasça alguma coisa. Impressiona-me a tendência geral a representar, que parece ter-se tornado um *must* da cultura francesa destes últimos anos. Jacques Bouveresse, que era também muito crítico em relação a muitos de seus colegas franceses, disse-me certa vez: os filósofos franceses refinaram a capacidade de parecer muito radicais sem dizer nada que os exclua do próximo governo socialista. É muito pouca seriedade, uma espécie de má-fé fundamental.

Nessas duas tendências, francesa e alemã, quem são, a seu ver, os mestres, aqueles que estão "fazendo" a história da filosofia?

Na Alemanha, certamente Jürgen Habermas, que talvez seja também o maior filósofo europeu hoje. E na França, Jacques Derrida, embora nesse país ele tenha uma imagem diferente e menor do que aquela que conquistou na América. A diferença entre o impulso vital de Derrida e o de Habermas, porém, permanece enorme. Com Derrida pode-se aprender como ler um texto: mas quando se procura, como ele faz, ler qualquer texto com o objetivo de demonstrar que ele se desconstrói por si só torna-se uma maneira errada de ler os textos. Só alguns textos é que podem ser lidos no sentido da desconstrução. Desde *A voz e o fenômeno*, porém, Derrida defende o seu método sistematicamente, apoiando-se numa filosofia da linguagem muito frágil.

Do ponto de vista lingüístico, a referência principal de Derrida continua sendo Ferdinand de Saussure.

Sim, é verdade. Embora Saussure tenha sido um gênio sob muitos aspectos, não creio que, no fim, a sua filosofia da linguagem funcione. Em Saussure assistimos ao constante retorno de uma contradição que ele próprio reconhece e que se refere ao problema da indeterminação: a possibilidade ou impossibilidade da tradução e da hermenêutica. É a sua própria filosofia da linguagem que leva Saussure a crer que cada língua permanece hermeticamente isolada de qualquer outra, desenhando um mundo totalmente intraduzível. Creio que Derrida apoiou-se em Saussure e na sua visão "proto-estruturalista", da maneira toda particular em que os filósofos franceses se apóiam nos seus predecessores. Os pós-estruturalistas nada mais são que os novos estruturalistas.

Voltando à questão do impulso vital: em que sentido Habermas é melhor mestre do que Derrida?

Habermas me parece mais um *God-thinker*, um pensador global. O interesse de Habermas não está voltado somente para a linguagem e para os modos como consegue destruir-se por si só, mas mais propriamente para todos os setores da nossa cultura: como se interligam na forma de uma totalidade, quais são os defeitos e como podem ser corrigidos. Habermas elaborou uma visão do mundo muito ampla, talvez a mais ampla depois de Karl Marx, na qual conseguiu conciliar uma teoria da sociedade, uma perspectiva epistemológica e uma teoria da linguagem.

Como ocorreu a sua aproximação de Habermas, diretamente ou através da Escola de Frankfurt?

Diretamente, embora eu ache que a sua relação com Frankfurt seja inegável. Ele não apenas leciona em Frankfurt, como tem uma verdadeira e própria reverência pela Escola de Frankfurt, por Theodor Adorno e Walter Benjamin em particular. Habermas, ao lado de Karl Otto Apel, constitui realmente uma nova perspectiva de desenvolvimento do pensamento alemão. É interessante ver quantas convergências existem entre aquela que eu chamo a Nova Escola de Frankfurt e os mestres do pragmatismo americano, William James e Charles Peirce.

Mas na Nova Escola de Frankfurt existe todo um projeto político e emancipativo que é difícil intuir no impulso metafísico e pluralista de James ou na semiótica de Peirce. Parece-me que também na perspectiva neopragmatista de Richard Rorty isso resulta claro.

Creio que o pragmatismo americano intuiu que a democracia não é simplesmente um fenômeno ocidental. E isso contra a opinião de muitos contemporâneos nossos que crêem simplesmente que a democratização dos países não ocidentais seja uma forma de colonialismo. Peirce e James preconizaram que a democracia estava vinculada a uma moderna visão da verdade. O que não significa uma visão pós-medievalista, mas antes um ponto de vista nascido no fim do século XIX, quando se percebeu que nem mesmo a nova física, a de Newton e de Galileu, era capaz de oferecer alguma forma de certeza. Peirce disse com efeito que, se tivesse que dar um nome à sua filosofia, a chamaria "falibilismo".

Essa perspectiva "falibilista", de negação de qualquer verdade totalizante, universal e meta-histórica, não é semelhante àquela do pós-estruturalismo e da desconstrução francesa?

Em certo sentido sim, mas os franceses derivam daí que a verdade absolutamente não existe. Na conversação Derrida é mais razoável, e afirmaria certamente que a noção de verdade é contraditória, mas indispensável. Mas não nos escritos. Peirce descreveu esse modo de ser e não de impor-se da verdade com uma metáfora antifundacionalista: é como se caminhássemos, disse ele, sobre um terreno instável e lamacento, e é justo, acrescentou, porque se o terreno fosse estável não haveria razão para ir a lugar algum. No manifesto do pragmatismo, *How to Make our Ideas Clear* [*Como tornar claras as nossas idéias*], Peirce deu uma visão quase hegeliana da verdade. Fala de inúmeras seqüências: primeiro, acredita-se no método da autoridade e a verdade é aquilo que diz a autoridade. Depois, começa-se a crer que não pode ser assim: – que o rei e o papa podem enganar-se – e passa-se a pensar que a verdade é aquilo que se adapta à razão. Que é também o método da metafísica e do racionalismo mais clássico. Hoje esses dois métodos estão superados, *aufgehoben*, embora muitas pessoas se comportem como se não fosse assim.

O primeiro a destacar a possibilidade de um desenvolvimento pós ou neopragmatista no pensamento contemporâneo foi Rorty. Por que o senhor também jamais aderiu a fundo à elaboração de semelhante perspectiva?

Rorty atribui à verdade um papel emotivo, no sentido de que a palavra "verdade" se usa quando se quer fazer um cumprimento a alguém. E nesse ponto estou de acordo com ele. Peirce afirmou que a única terceira via está em reconhecer que a verdade deve poder ser submetida a verificação e discussão pública. A relação entre essa posição e a da Nova Escola de Frankfurt é clara: Apel escreveu um livro inteiro sobre Peirce salientando a conexão entre o argumento de Wittgenstein sobre a linguagem comum (*ordinary language*) e o conceito de conversação livre de domínio de Habermas. A idéia-chave, expressa de modo muito claro por Dewey, é que, se deve existir aquilo que chamamos verdade na política ou na ética, a verdade deve ser submetida aos mesmos sistemas de verificação da verdade científica. Ela deve ser efetivamente verificada e reverificada: é preciso permitir a outros verificar e rediscutir constantemente as metodologias de verificação. Como dizia William James, não existe um método para encontrar a verdade, para fazer previsões. É preciso continuar a fazer experiências e a discutir. A idéia da democracia, segundo a qual o nosso direito de verificar uma idéia política cessa onde é preciso negar a outros o mesmo direito, é o vínculo que liga o pragmatismo e a Nova Escola de Frankfurt. E talvez seja também a síntese da noção pós-moderna de verdade.

A relação entre o pós-estruturalismo francês e a Nova Escola de Frankfurt já foi assinalada por um confronto aberto entre Habermas e Jean-François Lyotard. Uma querela de forte intensidade, que Rorty procurou triangular com uma noção de verdade ao mesmo tempo pós-moderna e socialmente consciente.

O problema do qual os pragmatistas estão plenamente cientes é que, enquanto existe consenso nas ciências – nas velhas, porque as novas ainda não estão sedimentadas –, não temos nenhuma forma de consenso nem na política nem na ética. Em ambas, temos mais é necessidade de duas outras coisas: o abandono definitivo do "olhar divino", porque o olho de Deus é o único lugar de onde não se percebe a existência de Deus, mas ao mesmo tempo, uma atenção redentora sem a qual, como diz Habermas, é absurdo pensar em discutir os programas, sejam eles estéticos ou políticos.

O problema permanece, porém, justamente na mediação entre estes dois termos: o abandono do olhar divino e a necessidade de um interesse salvador. E se tal mediação só pode ser contextual, em que sentido podem existir valores meta-históricos, ou princípios interétnicos, como a democracia?

Sublinho que não creio na democracia como epifenômeno ocidental. As teorias que o apóiam não levam em conta o entusiasmo que a democracia, como o socialismo, suscitaram nos países do Terceiro Mundo, desde o século XX. Não é preciso abandonar os ideais, mas devemos criticar sua hipocrisia. No tocante ao Ocidente, a distância entre a retórica e a prática. A tragédia do socialismo no século XX é que a certa altura ele se tornou antidemocrático. Basta pensar no stalinismo.

A democracia então é um valor.

Não apenas um valor ético, porém. Um valor cognitivo aplicável a qualquer ramo do pensamento: à ciência, à literatura, à ética, à política. A democracia é um requisito da pesquisa experimental em qualquer campo. E creio que já se fez muita experiência para intuir o que acontece quando se diz: "não é mais necessário ser experimental".

Entre os filósofos pós-analíticos, o senhor é talvez o único a ter desenvolvido um forte interesse teológico, voltado para a recuperação da tradi-

ção hebraica. Como foi acontecer que um lógico de formação, como o senhor, a certa altura recuperou a centralidade de Deus, do misticismo e da interpretação do texto sagrado?

A única coisa que pode tornar uma pessoa religiosa creio que seja a experiência interior. Não tem sentido converter os outros. Acho que o ser religioso é muito compatível com uma forma de ceticismo no aspecto da revelação. O fato de que na tradição hebraica e cristã existam textos inspirados, santos, que encerram algo de inexplicável, não significa que não sejam também produtos humanos. No século XVIII a humanidade permaneceu perturbada à idéia de ler a Bíblia como um produto humano. A Bíblia não é um manual para uma sociedade perfeita. Ela simplesmente pintava uma sociedade melhor que aquela que os hebreus tinham diante dos olhos: no Egito ou na Babilônia, ou ainda na Grécia ou em Roma. Falava-se em tratar os escravos melhor do que eram tratados naquele tempo, mas não se ordenava a não possuí-los. E depois o preconceito contra os homossexuais: é errado, e ponto final. O sentido do sagrado é uma coisa muito importante, mas não necessariamente boa. Por essa razão, no século XX começouse a dizer: é preciso deixar de crer no sagrado. Menos de cem anos mais tarde houve dois terríveis ditadores, ambos ateus: Stalin e Hitler.

Então não se trata exatamente de religião. O seu judaísmo é algo um pouco diferente...

Sim, creio que religião é uma palavra imprópria. O meu apego à tradição hebraica representa um sentido do limite. É quase um clichê citar o Talmud, mas a mim me agrada ainda fazê-lo. Ele diz mais ou menos o seguinte: não depende de nós ultimar a tarefa, tampouco estamos livres de transportar a sua carga. O problema do humanismo, como se desenvolveu de Feuerbach em diante, significou a deificação do homem. Não vejo nada no século XX que me faça desejar deificar o homem. Como Ben Schwartz, penso que o homem é o pior Deus que possa existir.

O senhor sente que compartilha esta recuperação da tradição hebraica com outros intelectuais americanos, como por exemplo o teórico da literatura Harold Bloom?

Sim, embora eu creia que Bloom tenha outra religião, que é a da arte. Seu ponto de vista me parece muito paternalístico. Em substância, a vida espiritual seria aberta apenas aos escritores e aos críticos. A escritura substituiu a religião.

Desse ponto de vista, como o senhor vê o trabalho de um "filósofo da escritura" como Emmanuel Levinas?

Seu conhecimento da religião hebraica e da sua tradição textual é muito profundo.

Existe ou não um espírito do tempo nesse seu impulso místico?

Não, não creio. Se eu tivesse nascido na Grécia, teria sido um grego ortodoxo. Há algo em mim que me pede esse tipo de expressão.

Como o senhor tematiza o sentido específico da universalidade e da transcendência presente no judaísmo, em relação às outras religiões?

Toda vez que o judaísmo foi universalizado foi um mal para os judeus. A peculiaridade da religião judaica, aquela pela qual eu a escolhi quando me foi dada a possibilidade (minha mãe era judia e meu pai, cristão), é que ela não diz que todos devem ser judeus.

Quase que se poderia afirmar que o senhor tem uma visão "pluralista" do judaísmo...

Em certo sentido sim. Escorado no pensamento pragmatista, e, como eu o vejo, mais em Dewey do que em James ou Peirce, o pluralismo é um conceito que permanece crucial sobretudo no nosso mundo contemporâneo. Graças a fenômenos tecnológicos irreversíveis e a uma grande mobilidade das pessoas, o globo terrestre não acabará numa série de grupos nacionais hermeticamente estanques uns dos outros. O pluralismo, na sociedade contemporânea, significa preservar a diferença no sentido da comunicação.

Voltemos à filosofia. O senhor escreveu que a filosofia não é nem uma arte nem uma ciência, mas define uma terceira modalidade.

A filosofia é algo fundamental tanto quanto a arte e a ciência. Durante muito tempo foi assimilada à religião. Hoje, Derrida, de um lado, e os filósofos analíticos, de outro, procuram aplanar a sua irredutível modalidade assimilando-a respectivamente à arte e à ciência. Os filósofos analíticos consideram a filosofia uma variante científica menos desenvolvida e Derrida a trata como se fosse literatura. Mas a filosofia não pode ser nem pura escritura nem um problema de demonstração. Claro, há lugar para a argumentação, e é isso o que eu critico em Derrida. Mas não é só argumentação.

Na terceira modalidade da filosofia, o senhor identifica a esfera do ordinary, *do cotidiano, do* everyday. *Não me parece claro se e em que medida isso esteja ligado a Wittgenstein.*

Não creio que *ordinary* e *everyday* possam ser considerados sinônimos. Eu atribuo de fato a *ordinary* uma conotação positiva e a *everyday* uma conotação negativa. Ir mais fundo neste assunto me é muito difícil porque justamente agora estou trabalhando nisso. Sobre Wittgenstein, porém, quero dizer algo. Sobretudo, pôr de lado a hipótese de que ele possua uma "teoria" da linguagem ou dos jogos lingüísticos, caso em que pareceria um Austin menor. E depois afirmar que existem duas maneiras de ler a sua mensagem: a primeira o interpreta como uma voz desesperada, que anuncia o fim da filosofia; a segunda, que é a minha e talvez também a de Stanley Cavell, identifica a sua herança na tentativa de libertar-nos daquele algo que foi definido como filosofia e ao mesmo tempo desenhar um espaço para outra coisa.

Como o senhor caracteriza essa "outra coisa" que é a filosofia?

Eu a associo àquilo que Heidegger chamava *Denken*. Cavell a define como esfera do *ordinary*. Outros a associam à ética. Kant dizia: procuro delimitar a ciência para abrir espaço para a fé. Estou convicto de que também sob muitas sofisticações pós-modernas as pessoas pensem que existem coisas profundamente equivocadas. No que diz respeito à esfera do *ordinary*, ela não significa certamente ir à agência do correio e expedir uma carta. Mas, mais propriamente que a vida é algo diferente de ficção ou ilusão. A ilusão, ao contrário, é a enorme construção intelectual que nos faz crer que o mundo e a vida são uma ilusão: isso é o que diz Wittgenstein, a meu ver. E como ele acusou Hegel e Marx de ver o mundo invertido, a mesma coisa ele diria agora, tenho a certeza, dos teóricos da literatura.

Wittgenstein foi, então, o seu mestre?

Não sei se o definiria como um mestre. Se tivesse estudado com ele, não sei se eu conseguiria desenvolver um estilo filosófico original.

A propósito do mundo-verdadeiro, do mundo-ilusão e de ver o mundo ao contrário, o senhor nunca se interessou por psicanálise?

Eu creio que a psicanálise seja uma maneira de ver. Freud nos ensinou que em cada um de nós existe uma criança, do ponto de vista das emoções, que significa então um desajustado, porque uma criança não é feita para viver uma vida adulta. Muitos de nós somos meninos de dois ou três anos, procurando enfrentar as responsabilidades de homens e mulheres de 40, 50 e 60. Mas essa é uma maneira terrível de ver as coisas. Como Marx, Freud procurou tornar suas descobertas um sistema fechado de idéias. Eu não sou pelos sistemas fechados. Isso não significa que não se possa aprender nada de Freud ou de Marx: de Freud aprendi a técnica da observação. Mas quando a psicanálise funciona, é uma prática que não acaba quando terminadas as sessões: é uma aventura que se faz por si mesma.

O senhor não julga que a arte possa igualmente ser vista como técnica de observação e auto-observação?

Uma reflexão da qual jamais cogitei é a da unidade das artes. A arte é realmente um campo unitário? De qualquer texto de estética pode-se intuir qual é a arte a que se refere. Toda a estética de Kant, por exemplo, é uma estética da pintura. E também a de Nelson Goodman, que admiro muito.

Juntando todas as suas declarações sobre o que é a filosofia, parece ser possível concluir que para o senhor representa uma grande aventura enciclopédica, muito integrada, de práticas mentais.

Creio que a filosofia representa uma unidade. Ainda que se possam traçar setores, disciplinares e geográficos. Como eu dizia antes, os alemães pensam segundo uma moldura salvadora, os filósofos analíticos refletem em termos científicos. Mas quando a filosofia é feita em fatias, como no caso da corrente analítica, na qual se privilegia o aspecto científico, começa a comportar-se como um indivíduo neurótico e a desenvolver todos os seus sintomas: as fantasias, o sentimento de coerção, e logo o retorno do reprimido.

Talvez o senhor também viva o seu passado de filósofo analítico como o retorno do reprimido...

A filosofia analítica começa com o respeito pela argumentação. O problema é que logo depois começou-se a fazer só isso, e não se soube mais sobre o que argumentar. Então emergiram os objetos imaginários: os mundos possíveis, quanto os mundos possíveis ou potenciais são diferentes ou iguais ao mundo real, e assim por diante. O que é isso senão o retorno do reprimido? Ao contrário de um movimento antimetafísico, hoje a corrente analítica é absolutamente a mais metafísica no cenário ocidental. Prova disso é o fato de que os mestres do analiticismo não falam de outra coisa a não ser "intuição".

É quase irônico que somente agora, no fim da nossa conversa, tenha emergido a "questão metafísica"...

O problema é que eu não critico a posição dos filósofos analíticos como metafísica. Não sou um antimetafísico militante. O problema, bem mais grave, é que a filosofia analítica é vazia. Não pode existir apenas a argumentação, e sobretudo não pode ser admitido só um estilo de argumentação: o estilo analítico. Kierkegaard, por exemplo, apresenta argumentações muito extensas, embora os filósofos analíticos jamais o reconheçam. E também Wittgenstein. Muitas delas são "argumentações pedagógicas", cujo objetivo não é explicar o objeto ao leitor, mas fazer que o leitor o explique por si. Esta, creio eu, é a verdadeira tarefa da filosofia.

Uma anarquia harvardiana

Robert Nozick

Para a América jovem, abalada pelo escândalo de Watergate e agora fatalmente a caminho do primeiro desafio internacional da sua história, marcado pelo retiro das tropas do Vietnã, a publicação de *Anarquia, Estado e utopia*, em 1974, deu um novo impulso de esperança e otimismo. O autor, Robert Nozick, não tinha nada a ver com a imagem do Grande Velho europeu à maneira de Herbert Marcuse, nome tutelar do liberalismo dos anos 60, e tampouco com a do severo professor à maneira de John Rawls, o mestre do neocontratualismo, que em 1971 acabava de publicar o seu ensaio mais importante, *Uma teoria da justiça*, atualmente considerado um marco da filosofia política, americana e européia.

Nascido no Brooklyn em 1938 de uma família de judeus russos, Nozick era um jovem que, com equilibrada candura, a uma formação filosófica extremamente severa, construída passo a passo no rigor do pensamento analítico, juntava a recuperação de uma tradição anárquica individualista que, na cultura americana, tinha tido um predecessor em Henry David Thoreau.

Diferentemente do seu colega harvardiano Stanley Cavell, que também nos mesmos anos ressuscitava a tradição longamente adormecida de Thoreau e do transcendentalismo numa chave "genealógica", Nozick faria pela primeira vez um discurso programático a respeito. Contra a linha do utopismo francês à maneira de Charles Fourier, centrado no conceito de "comunidade ideal", Nozick, com efeito, propunha um anarquismo pluralista, baseado na coexistência de eventos sociais diversos, mas em potencial conversação pacífica.

O horizonte operativo do pensamento de Nozick, todavia, não se dilui numa pura programaticidade político-social, na medida em que, e aqui está o seu aspecto mais fascinante, ela se reflete em diversos níveis de profundidade no tecido da proposição filosófica. A crítica à essência "coercitiva" do "argumentar" filosófico e a conseqüente prefiguração de uma sua alternativa libertária são de fato o verdadeiro fulcro da reflexão de Nozick. Apenas assinalado em *Anarquia, Estado e utopia*, esse núcleo recebe uma formulação mais explícita no sucessivo *Philosophical Explanations* [*Explicações filosóficas*], publicado em 1981 com grande eco de debate americano e internacional.

O interesse ético que leva Nozick à filosofia, no clima de uma Nova York atenta às fermentações progressistas, foi tão crucial para que se tornasse um pensador político quanto a sua longa afiliação com os filósofos analíticos. Entre esses, a sua predileção recai sobretudo sobre Carl Hempel, um dos emigrados do neopositivismo vienense que, desde a fortaleza da Universidade de Princeton onde ainda hoje é decano, lhe serviu de mestre e orientador, mesmo depois da sua tese de doutorado.

Justamente de Hempel, Nozick aprende a noção de "explicação científica", que, traída por uma reelaboração epistemologicamente "libertária", representa a pedra de toque do seu pensamento, interpretável, em última instância, como uma radical alternativa à filosofia analítica.

O objetivo das *Philosophical Explanations* é o reexame da "forma kantiana" de algumas questões teóricas fundamentais, ou a pesquisa das condições de possibilidade de problemas como a objetividade da verdade ética ou as raízes do conhecimento. Segundo o propósito de Nozick, tal análise deve porém operar de uma forma alternativa em relação àquela análise clássica do *argument*, ou argumentação, que, levada ao seu apogeu máximo pelo logicismo da filosofia analítica, baseia-se numa fundamental compulsão do leitor para crer, na sua coerção para convencer-se de determinadas conseqüências, dadas algumas premissas e apresentada uma "prova". O pressuposto repressivo implícito na prática do *argument* é, por outro lado, sugerido pelo seu significado-base que, em inglês, faz referência a uma argumentação litigiosa, a uma discussão violenta entre opiniões contrastantes.

Em contraposição ao poder coercitivo do *argument*, Nozick propõe o conceito de "explicação", que, em vez de forçar o leitor a determinadas conclusões, o "estimula" a maneiras de pensar alternativas. Arrancar a empresa filosófica do espírito da disputa e restituí-la sobre as novas bases, mais pluralistas, da compreensão é o objetivo central do pensamento de Nozick, que pela primeira vez tenta levar para dentro das fronteiras da análise as premissas emancipativas da utopia democrática.

A meta filosófica da explicação não se dilui na satisfação puramente epistemológica da prova, mas se estende ao horizonte ético do melhoramento moral. As motivações que movem um leitor a crer são a curiosidade e o desejo de aprofundar a sua compreensão do mundo: ou então, das dimensões de introspecção e de crescimento moral que configura a filosofia como disciplina "expressiva".

Em oposição aos "puritanos da mente" – as divindades do empirismo ligadas à sobriedade factual do fenômeno e à limitação sistemática dos temas de análise –, Nozick, a partir da metade dos anos 70, desenvolveu um profundo interesse pelas filosofias orientais, e pela indiana em particular. A expressividade da filosofia, também através dessa lente, não se identifica então com o conflito de uma exploração existencial à maneira européia, mas sim com a necessidade meditativa de um olhar mais global e basilar sobre os grandes temas especulativos.

À extensão deste significado, certamente muito literário do conceito de filosofia, é dedicado o último livro de Robert Nozick. Publicado em 1989 e intitulado *The Examined Life* [*A vida examinada*]; trata-se de um memorial de explicações filosóficas. A noção de explicação é entendida aqui em chave "aplicativa", no sentido de que entra no mérito de algumas "questões fundamentais" da filosofia, entendida como aventura dinâmica dentro das transformações do eu. Entre essas, a morte, a vacância do eu (*selflessness*) e a felicidade.

Comecemos pelo capítulo mais recente do seu itinerário, que é o do seu último livro, The Examined Life, *que tem uma estrutura muito diferente dos anteriores, a ponto de assemelhar-se ao testamento de um moralista. Já na introdução, o senhor fala da importância, para a filosofia, de permanecer ligada àquelas "questões fundamentais" da existência, que, em* Philosophical Explanations *tinha definido em três núcleos: a objetividade da verdade ética, a identidade do eu e os limites do conhecimento.*

Eu tendo a não ver minha obra no sentido da continuidade. Em *Philosophical Explanations* pareço ter procurado "explicações" de uma forma muito diferente do sucessivo *The Examined Life*. A idéia era de fato analisar a "forma kantiana" das questões filosóficas fundamentais: o que é que torna possível o conhecimento, a objetividade da verdade ética? Quais soluções se conseguem intuir? Embora se trate das mesmas questões, em *The Examined Life* não coloquei o mesmo tipo de pergunta. Agora, não me interessa mais indagar sobre as condições de possibilidade daqueles dilemas: como é possível estabelecer uma vontade livre pressupondo-se o determinismo causal, como é possível o conhecimento dado o argumento céptico? Não se pode passar a vida detendo-se nas condições de possibilidade. Procurei então descer mais em profundidade, para compreender o que é que torna a vida densa de significado e de valor.

Quase que se poderia falar de uma "virada existencial"...

A mim me pareceria demasiado narcisista, embora seja verdade que *Philosophical Explanations* se conclui com um capítulo intitulado "Phylosophy and the Meaning of Life" ["Filosofia e o sentido da vida"], em que procuro dar um sentido à noção de "significado da vida". Se tivesse que definir o fio condutor do meu trabalho nestes últimos anos, eu diria que se trata de um novo tipo de reflexão sobre algumas "questões fundamentais": uma reflexão que admite um tom muito pessoal.

Percorrendo o sumário do seu último livro, tem-se a impressão de um texto mais literário do que filosófico, tanto pela estrutura quanto pelo estilo. Os capítulos têm títulos como Morrer, Pais e Filhos, sexualidade, Vínculo de amor. *Mas por que um filósofo puro como o senhor optou por essa aventura "existencial" da escrita?*

A filosofia em que fui formado, a analítica, ensinou-me a estabelecer distinções, a pensar de modo claro e rigoroso. A certa altura me perguntei: uma mente educada para raciocinar com extrema minúcia o que tem para dizer sobre a vida e sobre alguns temas da vida, como o amor e a sexualidade, que não se refiram somente à experiência dos filósofos mas à de todos os homens do mundo? Foi uma experiência para ver se o tipo de *training* que me formou como pensador era aplicável a questões mais opacas, mas de grande interesse humano.

Pode-se dizer que o senhor procurou passar na peneira o significado de toda a sua formação.

Sim e não. Não era apenas para ver se aquele tipo de *training* podia ser aplicado à realidade da vida; e tampouco para pôr à prova a dinâmica da reflexão filosófica *tout court*. Sobretudo, como indico no início de *The Examined Life*, foi a tentativa de analisar alguns temas da vida "a partir do meu ser global", falando em primeira pessoa "ao ser global do leitor". Estou convencido de que essa necessidade deriva de uma espécie de descontentamento em relação à escrita filosófica clássica, que tem como pólos de um lado a mente, tomada em sentido puramente racionalista, e de outro a capacidade racional de entender do leitor. Com este último livro mergulhei na escrita, não apenas na razão. Nesse sentido, continuo a vê-lo como algo diferente das minhas criaturas mais típicas, como as *Philosophical Explanations*.

O núcleo propulsor de Philosophical Explanations *é a sua crítica ao "poder coercitivo" da argumentação. E toda a noção de "explicação" é formulada em chave alternativa a esse potencial repressivo próprio da lógica clássica. Nessa perspectiva,* The Examined Life *parece a conseqüência necessária de* Philosophical Explanations, *uma espécie de celebração literária, como uma alternativa ao conceito ocidental de argumentação.*

Certamente *The Examined Life* foi concebido desde o início como um livro o menos coercitivo possível. Menos ainda que *Philosophical Explanations*, no sentido de que exprime declaradamente o pensamento de uma pessoa só, o que deveria estimular a produção, nos indivíduos isolados, de modos de pensar alternativos. Neste meu último trabalho, não peço ao leitor que aceite como verdade o que escrevo. Antes, eu o convido a pensar no livro como um veículo capaz de ajudar cada um a pensar de modo mais profundo acerca de algumas questões fundamentais da vida.

Como nasceu a idéia de que a argumentação filosófica exprime um potencial coercitivo? Poder-se-ia dizer que o senhor identifica o conceito de argumentação com a ênfase formalista que lhe atribuiu a tradição analítica anglo-americana?

Sempre me ensinaram que a verdade consiste em construir provas e argumentos que não podem ser desconhecidos. A língua da filosofia analítica "força" o leitor à conclusão, valendo-se de argumentos considerados irrefutáveis. Para uma criança, a própria palavra inglesa *argument* indica um confronto verbal violento, uma espécie de litígio, uma relação interpessoal negativa na qual conta, acima de tudo, o volume da voz. A filosofia nos ensina, porém, que um *argument* é uma argumentação, uma seqüência de passagens que vai de uma série de premissas a uma conclusão. Mas é curioso que essa idéia de simples seqüência tenha sido chamada *argument*. Não sei se em outras línguas esta palavra tem a forte conotação emotiva de gritar, de berrar que tem em inglês. Seria interessante reconstruir as razões pelas quais, na história da filosofia, os pensadores quiseram descrever as suas sucessivas construções conceituais como argumentação. Creio que na raiz de tudo esteja a idéia de "querer fazer crer" a alguém alguma coisa.

No seu primeiro livro, Anarquia, Estado e utopia, *o senhor ainda não havia operado essa espécie de revolução copernicana, e me parece que, embora de maneira pouco habitual, o senhor apresenta justamente uma série de* arguments *em defesa das suas teses.*

Somente a partir de *Philosophical Explanations* me dei conta de como esse modo de proceder não satisfazia ao impulso que originariamente me tinha aproximado da filosofia: jamais quis obrigar as pessoas a crer em algo, mas esperava ajudá-las a compreender melhor as coisas. Daí a idéia de estruturar a empresa filosófica na forma da compreensão, mais do que na da disputa (*argument*) interpessoal. Talvez, para alguns, forçar os outros a crer em algo seja realmente a motivação filosófica fundamental. Embora muitos dilemas filosóficos sejam formulados segundo essa lógica coercitiva, eu penso que é uma distorção.

Quando emergiu, na sua história intelectual, a necessidade de libertar-se da coerção argumentativa?

Em 1974, quando foi publicado *Anarquia, Estado e utopia*, todos reconheceram nele uma filosofia "libertária": pelo aspecto político, o livro era orientado em sentido anticoercitivo. Se for lícito estabelecer uma continuidade entre essa primeira especulação anticoercitiva em sentido político e a sua sucessiva extensão filosófica, aquele foi o primeiro passo. Depois veio, em 1981, *Philosophical Explanations* que, contudo, eu já tinha ultimado em 1979. Se tivesse que datar a gestação da minha "iluminação anticoercitiva", eu a colocaria justamente entre 1974 e 1979. A prática acadêmica também me estimulou à formulação de um pensamento teoricamente mais libertário. Recordo que se convidavam estudantes de outras universidades apenas para que lessem argumentos convincentes, veementes, e como numa arena, o público se lançava a negá-los, rebatê-los, num combate insano. Recordo o meu temor ao observar que se disputavam verdadeiras batalhas. Mas por quê? Será que a filosofia não consegue exprimir-se dentro de uma pragmática mais cooperativa?

O senhor não acha que a atmosfera social e cultural entre os anos 60 e 70 contribuiu de alguma maneira para consolidar as suas posições?

Alguns temas no centro do debate daqueles anos tiveram certamente um peso na evolução do meu pensamento. Por exemplo, o conceito de "domínio", tal como foi ampliado e reformulado, sobretudo em relação ao papel das instituições, não é improvável que me tenha posto em alerta quanto aos potenciais repressivos inerentes ao mundo intelectual.

Michel Foucault foi para o senhor um ponto de referência importante naqueles anos?

Não naquele momento. Naquela época eu ainda não tinha lido nada de Foucault. Foi só depois de *Philosophical Explanations* que comecei a sentir-me em sincronia com os temas da sexualidade e do poder tal como foram enucleados por Foucault.

Em certo sentido, quase que se poderia estabelecer um paralelo entre o discurso de Foucault, sobre o esclarecimento do poder repressivo implícito nas estruturas institucionais e lingüísticas que formam nossa cultura, e a sua crítica ao potencial coercitivo da argumentação filosófica...

Eu jamais tinha pensado num paralelo entre mim e Foucault, e posso dizer que o seu discurso não está na origem do meu, no sentido de que na época eu não o conhecia. Todavia, reconheço que o seu modo de pensar não só a linguagem, mas todos os assuntos intelectuais, sobretudo em *Arqueologia do saber*, é muito próximo das minhas posições, mais estritamente dirigidas para o universo filosófico.

Na ausência de mestres, como ocorreu a passagem da filosofia analítica para o pensamento político?

Em *Anarquia, Estado e utopia*, mesmo que as posições políticas fossem radicais, a instrumentação conceitual ainda era aquela que eu utilizava nas minhas reflexões anteriores sobre a epistemologia e a filosofia da ciência. O interesse que me aproximou da filosofia foi de fato decididamente político. Depois, quando nos anos 60 comecei a freqüentar a Universidade Columbia, os docentes mais avançados trabalhavam justamente na filosofia da ciência. Daqui, fui levado a aprofundar questões inerentes às noções de "explicação", explicação científica, teoria científica e assim por diante. Em seguida, em Princeton, encontrei Carl Hempel, um dos mestres do Círculo de Viena, que tinha escrito sobre filosofia da ciência e aprofundado o conceito de "explicação científica". Decidi assim dedicar a minha tese de doutorado à filosofia da ciência: mais precisamente à *confirmation theory*, uma teoria que se ocupa das teorias de suporte às hipóteses científicas, ou de decidir sobre que bases epistemológicas aceitar ou recusar uma hipótese científica.

Carl Hempel foi então um verdadeiro mestre para o senhor?

Ele sempre me deu preciosas sugestões sobre o desenvolvimento do meu trabalho. Concluída a tese, dediquei-me à *decision theory*, ou àquele espectro de teorias que definem a racionalidade de uma decisão: fiquei fascinado pelo "conteúdo" das decisões. Na época, a *decision theory* estava em mãos de estudiosos de estatística e de economia, que a limitavam ao como se pode operar racionalmente uma escolha se não se sabe ao certo as suas conseqüências na ação. Um elemento de reflexão central era o uso de parâmetros matemáticos como o cálculo das probabilidades. Mas eu não segui esse caminho, tanto é verdade que a *decision theory* me levou à filosofia da política e à teoria da sociedade.

E quando se inseriu o interesse pelas questões fundamentais?

Concluí o doutorado muito jovem, aos 23, e desde então me lembro de ter direcionado o meu trabalho filosófico para questões cujas respostas suscitavam meu interesse. Pode parecer ridículo e também um tanto óbvio. Mas na filosofia, sobretudo analítica, existem quesitos, *quebra-cabeças* e paradoxos que são fins em si mesmos. Fui um dos poucos que a certa altura perguntaram o porquê. Com esse propósito, tinha cogitado uma pequena experiência mental. Suponhamos, dizia eu, que tivesse que dedicar dois anos à solução de um destes problemas e a certa altura um acidente automobilístico me tornasse inconsciente por vários meses. Se, ao acordar do coma, alguém me dissesse que outra pessoa resolveu o problema, e que a sua solução, a única possível, é tão complexa que requer pelo menos um ano para ser compreendida, será que estarei ainda disposto a ocupar-me dele? O raciocínio é paradoxal, mas volta a pergunta: por quê?

O senhor crê que a devoção tipicamente analítica por essa idéia "formalista" da filosofia, desligada de qualquer aplicação ou perspectiva interdisciplinar, ainda é compartilhada por muitos?

Ao longo de meus estudos, havia certamente muita ênfase na filosofia pela filosofia, como a arte pela arte, e logo também em todos os seus dispositivos técnicos. Mas eu nunca foi realmente atraído por isso. Desde logo o meu modo de pensar tornou-se mais "pessoal", embora eu só tenha sistematizado essa posição muito depois.

Seria possível que este seu "divórcio" do modo de pensar analítico não lhe tenha criado conflitos com os mestres, os colegas e os alunos de posições mais ortodoxas?

Talvez desde estudante eu me entendesse como filósofo analítico, mas nunca no sentido de adepto de um movimento de pensamento organizado. O meu problema era encontrar ferramentas para pensar certas questões, e a filosofia analítica me parecia em condições de fornecê-las. Sempre pensei que a filosofia analítica não era bastante ampla para conter tudo o que eu queria dizer. Jamais desejei ser um filósofo analítico, mas antes um pensador que levava para dentro dos limites da análise qualquer outra coisa que julgasse útil e interessante. Se me perguntar depois o que os outros pensam de mim, que conflitos sentem em relação a mim, talvez seja preciso perguntar a eles...

Refiro-me porém à sensação de mover-se às margens de uma disciplina, sentindo-se quase um outsider.

Talvez com o meu último livro eu tenha tido essa sensação. Eu próprio, agora, sinto a necessidade de escrever uma obra que esteja de novo no centro da ação filosófica legítima e um pouco menos experimental. Você agora se refere apenas ao material publicado, mas para mim o ensino sempre foi de enorme importância. Enquanto eu escrevia *Phylosophical Explanations,* e também nos anos anteriores a *Anarquia, Estado e utopia,* muitos dos meus cursos eram centralizados na filosofia hindu, clássica e contemporânea.

Quais foram as etapas da sua paixão pelas filosofias "diferentes", hindu, e, menos especificamente, oriental? Eram os anos 70: de novo uma sintonia com os tempos?

Se é verdade que a tradição filosófica hindu é uma imensa construção de raciocínios abstratos, é também verdade que representava uma tentativa de enfrentar toda uma série de experiências inabituais que são o patrimônio dos pensadores hindus, acumulado pela ioga e meditação. Lembro quando, nos anos 60, os livros sobre a filosofia hindu começaram a florescer nas estantes das livrarias, sobretudo nas seções de filosofia. No início eu me perguntava por que de repente estariam todos ali, naquela que eu considerava uma seção familiar, normalmente habitada por textos do pensamento anglo-americano ou no máximo continental. Aqui nos Estados Unidos, foram as experiências dos estudantes que, naqueles anos, sugeriram ao mercado empreender a via oriental. Eu também comecei assim a interessar-me, a tal ponto que fiz da filosofia hindu um dos centros da minha reflexão intelectual. E pensar que a minha formação é toda de tradição empirista: o ensino fundamental sempre foi de tomar seriamente as experiências...

Não houve "crise existencial" quando, graças ao encontro com o Oriente, o senhor percebeu que o raio das experiências é mais amplo e opaco do que sempre pretendeu a tradição empirista?

Lembro sobretudo a manifestação de uma grande curiosidade sobre como a filosofia ocidental poderia transformar-se se incluísse na experiência a dimensão mítica e religiosa. Depois, aprofundando o assunto, comecei a interessar-me pelas teorias internas ao pensamento hindu, admitidas como objetos intelectuais por si mesmas. Trata-se de imponentes estruturas metafísicas, muito inabituais em relação à nossa tradição.

Julgo que esse seu interesse tão aprofundado pelo pensamento hindu poderia ser uma chave mestra para a interpretação da sua obra mais recente. Parece-me de fato que, se vistos em seqüência, os seus últimos livros revelam uma fascinação pela noção de "presença", na qual a instrumentação conceitual tende a limitar-se à meditação sobre o caráter pluralista da realidade.

Acho muito apropriado o termo "presença". Em *The Examined Life*, analiso um espectro de experiências sobre as quais meditei longa e profundamente e levo em consideração alguns modos incomuns de ver experiências presentes, interrogando-me sobre o que isso possa significar e revelar.

Entendo por presença a procura de uma noção mais "total", envolvente, abrangente do ser. O Oriente por acaso não lhe sugeriu algo a esse respeito?

Certamente o Oriente representou para mim uma "abertura da mente" que eu não conhecia, a necessidade de dirigir a atenção para questões mais globais, inclusive e ao mesmo tempo basilares.

Como o senhor conciliou a sua ascendência hebraica, em que a totalidade é sempre o produto de uma lancinante dialética, com esta "panvisão" esférica do ser, que propõe a metafísica hindu?

Tomei consciência da minha bagagem hebraica novamente apenas com o nascimento de meus filhos. Não pensava mais nisso havia quinze anos. Do ponto de vista filosófico, sinto ainda muito longe o dia em que poderei aproximar-me da sua tradição hermenêutica. A filosofia hebraica é toda impregnada de "visões históricas" e proíbe qualquer forma de originalidade. Eu, porém, sempre parti do zero.

A propósito de sua relação com a história, vem-me à mente uma metáfora do conhecimento que o senhor cita pela primeira vez em Philosophical Explanations. *Trata-se do Partenon, o arquétipo da sapiência estética clássica, que, o senhor diz, mantém a sua beleza para além do tempo, do envelhecimento, da decomposição física. À imagem do Partenon o senhor contrapõe porém outro tipo de conhecimento, que segue o mode-*

lo de uma torre altíssima e delgada, constituída de um tijolo sobre o outro. Ao contrário do Partenon, que na forma de ruína ainda conserva o seu fascínio, a torre não poderia resistir a nenhuma mutilação.

Os filósofos tendem a deduzir a visão global da realidade de poucos princípios básicos. Um tijolo é sobreposto a outro até produzir uma altíssima e larga torre filosófica de um tijolo. O risco é que quando se tira o tijolo de base desmorone tudo, soterrando também aqueles *insights* que tinham proliferado independentemente do ponto de partida. Durante a redação de *The Examined Life* residi em Roma por um ano inteiro. Percebi pela primeira vez que a beleza estratificada das cidades é a realização mais alta que o homem conseguiu. E isso digo eu, que passei os anos da infância e da adolescência nos subúrbios do Brooklyn...

O seu sentimento da história, permanecendo na iconologia clássica, poderia ser então descrito como uma espécie de Jano bifronte: de um lado, põe a instância de "recomeçar do zero", de outro, é fascinado pelas sobrevivências "arqueológicas", harmônicas, pelo inevitável ressurgimento dos significados passados no presente.

O grande mestre para mim é Sócrates; não tenho outro sentido da história.

E por que não um grande americano como Ralph Waldo Emerson, que também teorizou a originalidade como valor e muito cedo teve, como o senhor, o fascínio da reflexão oriental sobre o absoluto? Ou por que não outro americano, Henry David Thoreau, mestre anárquico, avant-la-lettre?

É verdade que Emerson e Thoreau são americanos, mas na América não temos tendência a prosseguir dentro de uma tradição. Minha mãe nasceu aqui, mas seus pais vinham da Rússia. Meu pai chegou da Rússia com dezesseis anos.

Por que o termo anarquia? O que significa?

A meu ver, existem duas tradições anárquicas bem diferenciadas: uma é a dos anárquicos de esquerda, cujo pai é Charles Fourier. A sua idéia-guia é a comunidade ideal. A segunda, ao contrário, é a dos anarquistas individualistas, cujos troncos são identificáveis em Henry D. Thoreau e Mikhail Bakunin. Eu me sinto mais próximo desta segunda linha, que defende uma pluralidade de idéias mais do que o mito de uma comunidade ideal e admite salvar os valores da propriedade privada e da iniciativa pessoal.

Todo o seu pensamento poderia ser visto, e foi interpretado, como uma apoteose do pluralismo. O senhor concorda com isso?

Vejo o conceito de pluralismo articulado segundo duas métricas diferentes e que não se sobrepõem: o tempo, que traduz a problemática pluralista nos termos do pragmatismo, e o espaço, no qual o pluralismo se desdobra como coexistência de entidades diferentes. Aqui na América, foi Nelson Goodman que desenvolveu esta segunda definição do pluralismo. Particularmente, creio numa espécie de combinação entre as duas alternativas: ou seja, que unidades de pensamento diferentes e coexistentes projetem sobre a mesma realidade diferentes perspectivas.

O senhor crê que essa sua visão filosófica do pluralismo possa entrar em diálogo com esferas mais amplas do debate contemporâneo, como o neopragmatismo ou a discussão sobre os estatutos do liberalismo?

Enquanto vejo o meu último trabalho, *The Examined Life*, como uma aventura dentro do eu que se transforma, no sentido de que não explora mas descreve os desenvolvimentos e as transformações da alma, o meu próximo livro voltará ao tema da racionalidade. Sinto que esse tema me levará para uma nova esfera problemática: a racionalidade da ciência, entendida no sentido de Thomas Kuhn, é uma; o debate aberto por Richard Rorty sobre a autoridade da filosofia para estabelecer normas e fundamentos para as outras ciências será certamente outra. No que diz respeito ao liberalismo, creio que toda a reflexão sobre as raízes da racionalidade me levará a repensar a natureza das ciências sociais. E quando digo racionalidade, não me refiro apenas ao pensamento racional, mas também e sobretudo às ações racionais: que papel desempenharão as teorias das ações racionais dentro das ciências sociais, na sociologia, nas explicações históricas? Talvez a partir justamente daqui eu poderei descobrir se há ainda alguma coisa a dizer ao liberalismo e ao pensamento político. Não estou muito certo disso. Por outro lado, não tenho o hábito de pensar para além do próximo projeto: o que farei depende dos resultados que conseguir obter nesse ínterim, e estes não são previsíveis.

Não poderia ser que depois do livro sobre a racionalidade, que o senhor queria a priori *mais técnico, mais estritamente filosófico que o último, o senhor percebesse que não é mais o momento de escrever "em termos técnicos" de filosofia, e decidisse continuar na reminiscência moralística, à Montaigne, em que apenas tocou em* The Examined Life?

Agrada-me pensar no meu itinerário intelectual como uma senda aberta, que não sei aonde desemboca. Estou consciente de pagar um preço, vagando dessa maneira de um lado para o outro. Mas é consoante ao meu temperamento, isso de colher imagens e sugestões ao longo do caminho.

Enquanto o senhor diz essas coisas, vem-me à mente um conto de Borges, que fala de um pintor que durante toda a vida não consegue compreender o assunto de seus quadros. E pinta, pinta, sem parar. Depois, um dia, pouco antes de morrer, juntando todos os quadros, percebe ter pintado progressivamente o seu auto-retrato.

No meu último livro, e mais precisamente no capítulo dedicado à criatividade, desenvolvo a idéia segundo a qual o trabalho de cada um de nós, mesmo quando não parece, é pessoal, no sentido de que registra ou retrata as transformações interiores. Parte da mudança de conceitos não só na arte, mas também no trabalho mais estritamente intelectual e filosófico corresponde às infinitas séries de operações que cada um realiza no seu íntimo. Nesse sentido, qualquer itinerário intelectual desenha um autoretrato um pouco à maneira de Borges. Se me interrogo em profundidade, digo a mim mesmo que se não tivesse escrito uma só daquelas linhas que estão nos três livros que publiquei, eu teria perdido alguma coisa.

O mesmo vale para The Examined Life?

Devo admitir que muitas vezes eu o "traí". É tão "diferente" em relação ao panorama filosófico anglo-americano que muitas vezes, depois da publicação, lembro-me de me ter posto a reler as primeiras quarenta páginas. Mas todas as vezes concluí estar feliz por tê-las escrito. Trata-se de algo que eu queria realmente dizer. Há diversos aspectos do "ser pleno" de cada um de nós, do espectro mental de cada um, de que se queria falar e escrever, que se queria exprimir no próprio trabalho. Assim, a meu ver, a filosofia se diferencia de qualquer tipo de elaboração técnico-científica. Mas não estou absolutamente certo de que pessoas como Willard V. O. Quine ou Donald Davidson me dêem razão neste ponto. Não me espantaria se afirmassem que a filosofia não deve pretender ser "expressiva". Particularmente, porém, me sentirei infeliz e desmotivado de trabalhar numa disciplina que não seja de certo modo "expressiva".

Sua idéia de que a filosofia deva poder "exprimir" os movimentos da alma a distancia da ciência e a aproxima da literatura. Nesse sentido, a filosofia perde o seu privilégio epistemológico sobre o saber e se transforma num "gênero de escrita", mais semelhante à poesia do que à ciência da verdade. Se estas considerações são legítimas, o senhor se encontraria em posição muito semelhante à dos desconstrucionistas à maneira de Derrida, que estenderam a noção de "texto" à categoria interdisciplinar, aplicável desde a metafísica até as ciências sociais.

Nenhum de nós pode intuir em que grau a arte admite a verdade. No nível da pura sensibilidade posso afirmar que o material sobre o qual trabalha a filosofia – conceitos, estruturas mentais – parece-me de uma natureza menos subjetiva do que aquele sobre o qual trabalha a arte. A filosofia parece que se move sobre um horizonte mais "fundamental". Voltando a Borges, lembro que durante uma temporada na Argentina alguém o apresentou a mim. Fomos encontrá-lo no seu apartamento e eu estava excitadíssimo para discutir os seus mil e um interesses filosóficos, mas ele só quis falar de Louis Stevenson. Desde que soube que eu era professor de Filosofia intuiu que a última coisa que eu queria discutir era filosofia.

O que foi que o levou à filosofia? A literatura, a ciência ou outra coisa?

É verdade que durante a adolescência passa-se muito tempo refletindo sobre temáticas filosóficas. De fato, eu também fiz isso. Pensava sempre na existência de Deus, na extensão ilimitada do espaço. Depois, mais tarde, comecei a interrogar-me sobre como justificar os nossos princípios morais básicos. Quando estava no liceu, topei com uma cópia da *República* de Platão em edição econômica. Lembro ter encontrado algo naquelas grandes idéias, naqueles grandes temas, que me prendeu e não me deixou nunca mais. O encontro com alguns livros importantes, muito cedo na vida: foi isso que me aproximou da filosofia. Na universidade, eu era muito desorientado. Foi um curso sobre o pensamento social contemporâneo, cujo docente era um filósofo, que me entusiasmou pela filosofia. Lembro-me de que cada vez que eu abria a boca para dizer alguma coisa, ele me respondia com uma clareza de distinções e de objeções que me era absolutamente nova. E assim me enamorei daquele *clear thinking* do qual sempre se vangloriou a filosofia analítica. Para mim foi sempre importante a combinação entre *clear thinking* e grandes temas. O problema da filosofia analítica é que se esqueceu deste segundo aspecto.

O senhor admitiu, mais atrás, ter alimentado um profundo interesse pelas problemáticas atinentes à "explicação científica", sugerindo que o seu próximo livro sobre a racionalidade talvez retome mais uma vez este conceito.

Quando tive que escolher o título de *Philosophical Explanations*, decidi prestar uma homenagem particular ao meu mestre Carl Hempel, que pela primeira vez me falou de "explicações científicas".

Hempel é indubitavelmente um dos grandes veteranos da filosofia analítica: não é curioso que o senhor retome justo dele o termo-chave do seu discurso não coercitivo, e portanto antianalítico em certos aspectos?

Talvez ninguém jamais se divorcie do seu próprio repertório. O meu objetivo era o de pensar em muitas explicações em lugar de uma só: era de inserir o conceito de pluralismo na esfera da "explicação". O que me atrai na teoria da explicação é justamente o rigor, a minúcia lógica de algumas pequenas estruturas, até de natureza matemática, que utilizo como analogias. Esta fascinação pelo construir conceitualmente, na forma de estruturas claras e rigorosas, sempre me esteve presente, desde *Anarquia, Estado e utopia* até *Philosophical Explanations*. O que talvez me torne hostil às vezes a *The Examined Life* é justamente o fato de que não trabalhei para criar estruturas.

Então o senhor não está disposto a reconhecer nenhuma fricção entre o seu universo, programaticamente não coercitivo, e o da filosofia analítica?

Isso é forte demais. Reconheço a contradição que a senhora vê na relação entre o valor emancipativo da explicação, tal como eu o coloco, e o valor coercitivo que ela assume no discurso analítico-científico. Por outro lado, quando se compara a explicação a argumentação, percebe-se imediatamente que o potencial coercitivo da primeira é muito menor. Ademais, a explicação pode ser pensada facilmente num contexto pluralista. Não considero que declarar minha crítica ao valor coercitivo da argumentação, e depois defender o conceito alternativo de explicação, seja muito paradoxal. Na explicação há um abaixamento do potencial coercitivo do discurso filosófico, embora não haja um efetivo e total desaparecimento.

O senhor coloca então uma diferença de grau e não de natureza entre o conceito não coercitivo de explicação e a noção coercitiva de argumentação. Não é um modo meio literário de definir os limites?

Eu queria voltar de novo à relação entre filosofia e literatura. Diferentemente de muitos, cheguei à filosofia não por meio da literatura, mas por oposição à literatura, à procura de uma satisfação intelectual de marca muito diferente em relação à narrativa.

Com relação a todo o debate pós-moderno sobre a contaminação das fronteiras entre literatura e filosofia, o senhor quer colocar-se no extremo oposto. Mas, dadas as premissas, não consigo notar essa imensa distância...

Toda a querela pós-moderna eu a segui a longa distância. Enquanto ao meu redor se discutia sobre estatutos da textualidade, eu me voltava para os clássicos da filosofia hindu. Eu seguia uma tradição muito diferente da deles, esperando apoderar-me de um material teórico completamente novo.

O alfabeto cosmopolita da arte

Arthur C. Danto

Filósofo de estrita formação analítica e crítico de arte militante, professor e colunista, a figura de Arthur C. Danto reflete toda a polivalência e o consciente cosmopolitismo do intelectual nova-iorquino, crescido numa comunidade que forma um caso à parte no cenário da cultura americana do pós-guerra.

Como muitos artistas que lhe serviram de guia no seu longo itinerário de estudioso de estética, Danto chegou a Nova York no dia seguinte ao término da Segunda Guerra Mundial, deixando para sempre Ann Arbor, um subúrbio de Detroit, onde nasceu em 1924. Os seus inícios de pintor não sobreviveram à guerra, que transcorreu como soldado no sul da Itália seguindo o Exército americano. O encontro com a filosofia o colheu quase por acaso na Universidade Colúmbia, junto à qual, excetuando-se uma breve transferência para o Colorado, ensina até hoje, passados mais de trinta anos.

Toda a sua reflexão, irradiando-se numa espécie de enciclopedismo filosófico, que se estende do terreno moral à filosofia da história, da epistemologia à filosofia da arte, tem seu centro propulsor numa "estetização" da noção de estrutura conceitual, orientada para uma perspectiva neofundacionalista. Seu interesse pelos pontos de intersecção teórica entre arte e filosofia é o reflexo dessa posição, que parte de uma elaboração criativa do pensamento analítico.

O encontro com a filosofia analítica, inevitável para todo americano da sua geração, ocorre para Danto no cenário das Montanhas Rochosas, por ocasião do seu primeiro cargo universitário junto à Universidade do Colorado. Desde então, a sua relação com essa linha de pensamento jamais conhecerá uma ruptura radical, embora não tenha seguido realmente o destino da sua canonização americana.

Do horizonte conceitual analítico, Danto mantém uma leitura "fundacionalista", que consiste em atribuir à filosofia o papel de reduzir o ente às suas partes constitutivas, quase segundo a perfeição fisiológica de um organismo. A fascinação pelo "elemento arquitetônico" do pensamento representa a emergência de uma fundamental necessidade de "harmonia". Os instrumentos da análise lógica são os únicos capazes de desvendar a "beleza" que caracteriza toda estrutura teórica coerente.

Decompor, desordenar e recompor são os gestos filosóficos mais freqüentes no horizonte mental de Arthur C. Danto, que, nesse sentido, encontra-se em profundo desacordo com pelo menos duas linhas de desenvolvimento do pensamento analítico "canonizado". Ou seja, como ele próprio declara, de um lado, com os "programas terapêuticos", que usam os instrumentos da análise para libertar-se da filosofia, convictos de que, no plano teórico, só se pode mal-entender a linguagem, de outro, com os "programas idealistas", empenhados na redação de uma linguagem ideal, capaz de abrigar da melhor maneira possível a formulação de teorias científicas.

Com o rigor sistemático de um pensador que se nutriu de muitas tradições e foi tomado, ao longo do seu percurso, por mais de uma paixão intelectual, Danto dirigiu o mesmo olhar "fundacionalista" para uma multiplicidade de campos disciplinares e culturais. *The Analytical Philosophy of History* [*A filosofia analítica da história*], de 1965, representa a sua contribuição mais emblemática no âmbito da filosofia da história, como o sucessivo *The Analytical Philosophy of Knowledge* [*A filosofia analítica do conhecimento*] (1968), para a epistemologia. *Mysticism and Morality*: Oriental Thought and Moral Philosophy [*Misticismo e moralidade: pensamento oriental e filosofia moral*], de 1972, atesta, pelo contrário, a sua atração pela essencialidade do pensamento oriental que, nos anos 60, desempenhou um papel-chave no debate cultural americano. *The Transfiguration of the Commonplace* [*A transfiguração do lugar-comum*], publicado em 1981, e *The Philosophical Disenfranchisement of the Art* [*A insenção filosófica da arte*], de 1986, registram, por sua vez, um núcleo de reflexão que parece mais constante: o da "recompreensão" filosófica da arte.

Se na filosofia Danto realiza uma operação de estetização da noção de estrutura conceitual, na arte ele procede por uma via simétrica, procurando identificar as nervuras filosóficas do gesto criativo. Partindo da idéia hegeliana de que a obra de arte encarna uma "materialização sensível" da idéia, a dissecação filosófica do objeto artístico resulta absolutamente homóloga, tanto nos procedimentos quanto na instrumentação, à dissecação das estruturas conceituais.

Mais uma vez: decompor, desordenar e recompor são os traços dominantes da estética de Danto que, não por acaso, encontra o seu modelo de pesquisa naquela grande desordem do sentido, artístico e filosófico, consumada pelas vanguardas americanas do segundo pós-guerra, na linha da pop art e do neodada.

A arte jamais atingiu culminâncias de criatividade filosófica iguais às que chegou na "transfiguração do senso comum", a definição com que Danto retrata a estrutura conceitual, ou fundamento filosófico, que rege as experiências radicais de artistas como Andy Warhol, Robert Motherwell, Roy Lichtenstein e Robert Rauschenberg. Pintar uma série de latas (as latas de sopa Campbell de Warhol) ou histórias em quadrinhos separados (à maneira de Lichtenstein) são operações de um tal desvio mental em relação à tradição e à história que se tornam interrogações filosóficas, pelas mãos das quais a própria filosofia deve deixar-se levar.

Da filosofia analítica, passando pela filosofia da história à estética, esse é um itinerário complexo e imprevisível para um pensador americano do segundo pós-guerra. Como o senhor explica isso?

Não creio que o espectro dos meus interesses seja tão vasto como pode parecer à primeira vista. O interesse pela história e pela arte está radicado em mim desde tempos imemoriais. Quando jovem pensei em ser pintor. Paradoxalmente, foi a filosofia que veio depois: um amor maduro manifestado bem aqui, entre os arranha-céus de Nova York, para onde me transferi no meio dos estudos universitários.

Como o senhor recorda a atmosfera filosófica nova-iorquina daqueles anos?

Colúmbia em particular pareceu-me um ambiente muito antiquado, que, entretanto, eu não poderia contestar porque não sabia muita coisa. Eram meus primeiros cursos de Filosofia. Estudava o que me ensinavam, até que, depois do doutorado, obtive o meu primeiro cargo no Colorado. Fui empossado simultaneamente com dois jovens muito brilhantes, um aluno de Norman Malcolm e outro de Gilbert Ryle. O meu primeiro encontro com a filosofia analítica ocorreu justamente graças a eles, no cenário das Montanhas Rochosas. Então fui chamado de volta a Colúmbia, e voltei convicto de que a filosofia analítica era o núcleo de discussão mais interessante do panorama contemporâneo. Só a essa altura comecei a crer que me dedicaria inteiramente à filosofia.

E com a pintura, o que aconteceu?

Houve um período de coexistência, até os primeiros anos da década de 1960, depois mais nada. E é engraçado que em todos aqueles anos eu não escrevi uma só linha de estética. Foi somente pela metade dos anos 60 que consegui reconciliar os dois planos começando a refletir e escrever sobre a filosofia da arte. A arte, naqueles anos, cegou-me do ponto de vista filosófico: refiro-me a toda a revolução no modo de entender a relação entre arte e realidade inaugurada por Andy Warhol e pela pop art. Meu primeiro ensaio de estética saiu em 1964, mas foi só com *The Transfiguration of the Commonplace*, publicado em 1980, que obtive a certeza de ter formulado uma verdadeira "teoria". Em *The Transfiguration of the Commonplace* procurei caracterizar uma série de interrogações filosóficas que as experiências das vanguardas artísticas estavam apresentando. Interrogações novas e inquietantes para a filosofia, mas que até o mundo da arte pareceu apreciar, tanto que me foi oferecida uma coluna de arte em *The Nation*, que assinalou o início da minha militância como crítico.

Esse seu itinerário parece mais o de um intelectual europeu, habituado a atuar em muitas frentes e falar muitas linguagens, do que de um scholar americano, crescido no ambiente abafado das Ivy League Schools e defensor de uma estrita militância universitária...

Entretanto, eu me sinto ainda um filósofo analítico, porque creio que seja esse o modo justo de fazer filosofia. Ainda hoje sinto que os instrumentos da análise me dão o pulso do que seja a estrutura de um corpo conceitual, a sensação de que as coisas são interconexas quase como as peças de um organismo. E depois creio na "beleza" do modo analítico de raciocinar. Já não creio porém em certos programas negativos e positivos que motivaram algumas pessoas a empreender a via do analiticismo. Por um lado, os "programas terapêuticos", que queriam libertar-se da filosofia procurando demonstrar que ela é baseada num modo errado de usar a linguagem; por outro, os projetos de construção de linguagens ideais, em condições de acolher dignamente a formulação de teorias científicas. Ambos são visionários, e ainda por cima pouco interessantes. Para mim, a filosofia analítica é a língua que eu falo, em que escrevo, o meu modo de pensar. Sempre atribuí grande valor à clareza e à exatidão da escrita.

Se tivesse que traçar um mapa da filosofia de orientação analítica, quem o senhor destacaria como a figura de maior relevo?

Não tenho herói... e não me considero discípulo de ninguém em particular. Admiro Donald Davidson, Willard van Orman Quine como escritor e também pela sua crítica à distinção entre analítico e sintético, que reputo um dos momentos cruciais na história da filosofia. Mas, falando ainda de Quine, existem muitos outros aspectos do seu pensamento que me parecem bastante sumários. Entre os analíticos, nutro grande respeito por Nelson Goodman como moralista do pensamento filosófico, mas o seu programa teórico me parece ridículo. A certa altura de minha vida, senti dever muito a Bertrand Russell. Em outro momento, ao Wittgenstein do *Tractatus Logico-Philosophicus*; a segunda fase do seu pensamento, a das *Investigações filosóficas*, parece-me marcada por uma linguagem maravilhosa, mas de uma igualmente incrível pobreza teórica.

Antes do encontro com a filosofia analítica, qual tinha sido a sua formação?

Não se deve esquecer de que, naqueles anos, Dewey era um personagem do qual não se podia escapar. Pessoalmente, porém, eu já então o desprezava: era pegajoso como um pregador, pretensioso, e nada profundo. E não teria mudado de opinião se a filosofia analítica não me tivesse convencido de que Dewey também pode ser lido como um dos grandes "sistemas": o "holístico". Como escritor, porém, Dewey não me interessa mesmo, e nisso discordo completamente de Richard Rorty. Não vejo nele nenhuma estrutura, enquanto eu cultivo uma verdadeira paixão pela arquitetura do pensamento filosófico.

O que o senhor entende por "arquitetura do pensamento"?

Entendo o profundo senso de harmonia que encontro em constatar que as coisas estão claras, que as conexões entre elas estão claras. Agrada-me contemplar as estruturas conceituais, e Dewey construiu o seu universo de modo não estruturado: quando o leio, parece-me estar tateando no nevoeiro. Em certos momentos, parece-me intuir os lugares onde ele próprio, deliberadamente, deixa que os contornos da estrutura sejam absorvidos pelo nevoeiro. O obscurecimento da estrutura das coisas representa, por outro lado, uma das alternativas históricas à clareza. Para mim, a obscuridade é profundamente antifilosófica. No fundo, considero-me um homem do século XVIII, porque o universo que nos circunda me parece inexoravelmente ordenado...

O senhor estenderia a sua acusação de obscuridade a outras correntes de pensamento daqueles anos? Para citar uma, a Escola de Frankfurt, que, a partir de 1935, transferiu-se em bloco aqui para Nova York, justamente para a Universidade Colúmbia?

A Escola de Frankfurt jamais teve um verdadeiro espaço acadêmico nos Estados Unidos. Eles tinham um modo de pensar demasiado europeu. Os vienenses, ao contrário, importaram a lógica, para a qual o interesse foi espontâneo e imediato, sem *gap* cultural. Na América, parecia não ter sido ainda compreendida a importância filosófica da lógica e por isso os positivistas obtiveram cargos universitários legítimos. Não creio que nenhum dos membros da Escola de Frankfurt, enquanto a Escola existiu, ensinou dos Estados Unidos. Permaneciam todos fechados na pequena cela que tinha sido atribuída ao Instituto, na :ua 114. E nenhum deles penetrou a fundo na vida intelectual americana.

Que dizer então de One-Dimensional Man [*O homem unidimensional*] *numa dimensão de Herbert Marcuse e da* Revolução sexual *de Wilhelm Reich, que, nos anos 60, tornaram-se verdadeiros livros* cult *para toda uma geração?*

Ambos foram muito importantes, mas não para os filósofos. Marcuse na teoria política, Reich na psicanálise. A filosofia analítica tinha também uma aura científica particular que a Escola de Frankfurt jamais conseguiu conquistar porque era demasiado exposta ideologicamente. A menos que não pareça que se está fazendo algo científico, que significa portanto útil à sociedade, nos Estados Unidos é muito difícil dialogar com o sistema institucional: obter financiamentos para pesquisa, cargos universitários. E essa foi seguramente uma das chaves do sucesso do positivismo lógico vienense. Toda uma geração foi educada segundo os seus ditames e pouco a pouco o método analítico se sobrepôs ao conceito geral de filosofia. O problema é que, daí por diante, não houve grande evolução. Hoje, na América, a filosofia analítica é uma espécie de fóssil vivo. Com a visão de agora, não me parece que seja um ponto de partida tão criativo quanto eu pensava nos primeiros anos da década de 1950.

Mas então quais serão os novos pontos de partida que o senhor prevê? Julga que o retorno a uma maior "narratividade" filosófica, como aquela sugerida pelo neopragmatismo de Richard Rorty, poderá ser uma linha diretriz?

É difícil fazer previsões, sobretudo por causa da nossa inércia acadêmica. Nos Estados Unidos, para dedicar-se à filosofia, ainda hoje é preciso passar por um curso de estudos superiores, a *graduate school*, que é também a única via para obter um trabalho. E isso significa ser aprovado pelas pessoas "da profissão". Por essa razão, creio que a "profissão de filósofo", na América, estará ainda por longo tempo ligada a uma formação lógica e analítica, porque estes permanecem os requisitos da seriedade.

Com base nessas considerações seria possível motivar o absoluto insucesso de uma parte da filosofia européia nos Departamentos de Filosofia e, inversamente, o seu sucesso nos de Literatura. Refiro-me, por exemplo, à desconstrução de Jacques Derrida, ao pós-estruturalismo de Jean-François Lyotard e Gilles Deleuze, à hermenêutica de Hans Georg Gadamer.

Isso não diz respeito, porém, apenas à filosofia européia, mas também àqueles poucos americanos que, como Richard Rorty, ousaram renegar o próprio passado analítico. Desde que Rorty, com *A filosofia e o espelho da natureza*, abraçou o neopragmatismo, tornando-se muito famoso, ele não pertence mais a um Departamento de Filosofia, mas a um programa interdisciplinar de orientação puramente literária. Não podia mais ficar em Princeton, que ainda hoje é o berço do pensamento analítico na América, e em Princeton não queriam mais saber dele. Então, decidiu transferir-se para a Universidade da Virgínia. Eu, pelo contrário, prefiro a companhia dos filósofos à dos literatos.

Devo deduzir daí que o senhor não está nem um pouco ansioso para que a filosofia americana se "liberte" do jugo lógico e analítico?

Sim, estou, embora não creia que o currículo de estudos deva ser mudado substancialmente. Mesmo que a ambição seja trair a corrente analítica e criar uma nova via, creio que permanece essencial saber impostar uma argumentação filosófica, que significa aprender a defender uma tese com clareza e suporte lógico.

O problema é estabelecer se a clareza deriva de uma pura arquitetura lógica e não de uma explicação histórica. Um dos problemas da formação analítica é que marginaliza completamente a história das idéias.

O caso da Colúmbia é particular, porque aqui a história das idéias sempre foi central, tanto do ponto de vista da formação como do da pesquisa. Mais em geral, na América, tende-se a restringir o campo da história das idéias à história da filosofia, não porém num sentido "arquivista". Trata-se de compreender os objetivos filosóficos de Kant, Descartes, Platão ou Aristóteles.

Essa diferença de "formação", européia e americana, que efeitos o senhor acha que tem sobre a produção de visões filosóficas originais?

Depois que terminamos o primeiro ensaio, e então o segundo, e publicamos o primeiro livro, começamos a escrever cada vez mais para nós próprios. E a essa altura já não faz grande diferença. O importante é libertar-se das próprias raízes. Não importa de que coisa nos libertamos, porque de qualquer modo nos encontramos sós, longe de tudo e de todos, a sós com a filosofia.

A defasagem entre as tradições permanece, porém, como problema de comunicação intelectual. Os europeus pensam que os americanos estão fechados num sonho desesperado de cientificidade. Os americanos vêem os europeus como metafísicos visionários. A filosofia americana, na Europa, é recebida em restritos espaços de debate, limitados às cátedras de lógica e filosofia da linguagem. Na América, a européia é diluída, no seu teorismo, por uma fruição essencialmente literária. O senhor não acha que é chegado o momento de derrubar o muro do Atlântico?

Agrada-me pensar que os autores de algum modo se comunicam. Tomemos, por exemplo, Donald Davidson, que está continuamente girando pelo mundo como convidado. As pessoas querem saber o que ele pensa e não perguntam por que ele se interessa apenas pela linguagem. Entretanto, embora na sua chave, Davidson também faz para si as perguntas dos grandes pensadores: o que esconde a "fraqueza da vontade"? O que fundamenta a natureza da metáfora? O que implica a estrutura da racionalidade? E não importa absolutamente quanta história ele conhece.

Um dos problemas da filosofia analítica permanece todavia o uso de uma linguagem muito técnica e que exclui quem não esteja realmente dentro dela, inclusive os filósofos de outra formação.

Isso pode acontecer, depende porém de como ela é usada. Creio que também no caso do pensamento analítico se trata de um estilo de escrita. Os memoriais analíticos seguem o modelo das dissertações científicas. Nelas também existe uma desconhecida retórica, como em qualquer outro "gênero literário". Os europeus não conseguem renunciar ao grosso volume em três tomos, do tipo do *Gesamtwerk*. Mas isso também é uma peça de retórica. Todas as questões institucionais, ligadas a determinados universos filosóficos, são passíveis de reconstrução a partir da retórica em que tais universos se exprimem. Depois, esclarecida a retórica, é preciso saber decidir: estamos interessados em impressionar os colegas ou outro tipo de público? São quesitos difíceis que todos nós enfrentamos como seres humanos, não apenas como acadêmicos. O problema é a segurança em si mesmo e uma certa dose de cinismo.

Essas considerações resultam particularmente significativas à luz da sua experiência jornalística, um caso isolado entre os scholars americanos. Como o senhor a viveu?

Foi mais fácil do que eu imaginava. Amo profundamente a escrita. Diderot era um filósofo que considerava libertador escrever sobre crítica de arte, coisa que ele fez durante dez anos... Não sei de outro filósofo que fosse também crítico de arte militante. Talvez Benedetto Croce.

A paixão extrafilosófica de Croce era talvez mais literária do que figurativa...

Sim, é verdade. Veja, não existem muitos filósofos que foram também críticos de arte militantes. Escrever sobre arte, para um pensador, talvez possa parecer liberatório...

O senhor nunca se ocupou de literatura? No fundo, como esteticista, a arte deveria parecer-lhe um campo bem mais compacto do que reconhece: o que representa para o senhor a prioridade da arte figurativa? Por que não a literatura?

Escrevo sobre literatura de vez em quando, quando se apresenta a ocasião. Do ponto de vista estético, não creio que a literatura tenha sido filosoficamente tão interessante quanto a pintura, pelo menos nos últimos cem anos. Enquanto um leitor de Dickens, como qualquer leitor do século XIX, não teria nenhuma dificuldade em ler os romances de hoje, estou certo de que um colecionador do mesmo século teria realmente problemas em orientar-se no meio daquilo que acontece hoje no Soho. A pintura atravessou incríveis revoluções conceituais a partir dos anos 80 do século XX. Hoje, do ponto de visto pictórico, estamos num mundo diferente.

A julgar pelos seus escritos, foi a revolução realizada pelas vanguardas do segundo pós-guerra que o senhor seguiu mais de perto, e sobretudo a linha de experimentação também "conceitual" inaugurada por Andy Warhol e a pop art. Mas por que não outras correntes, como a arte minimalista ou o expressionismo abstrato?

Warhol representou, a meu ver, a figura mais enigmática. Recordo que em 1964 trabalhei na mostra em que Warhol expôs pela primeira vez as suas *Brillo-Boxes* e foi ali que entrei em contato com Charles Oldenburg, Robert Rauschenberg, Roy Lichtenstein. Achei todos incrivelmente estimulantes, não somente do ponto de vista artístico, mas, e essa é sua verdadeira peculiaridade, também filosófico. Nenhum protagonista do expressionismo abstrato me deu essa sensação, nem Jackson Pollock nem Willem De Kooning. Eu jamais teria escrito filosoficamente sobre a arte se não fosse pelos artistas pop. Eles suscitaram interrogações profundas, sobre as quais reflito ainda hoje: por que essa subversão global dos valores ocorre justamente naqueles anos? Como se tornou historicamente possível que um grupo de pessoas que pintavam latas de sopa e caixas de Brillo, camisetas e histórias em quadrinhos fossem consideradas verdadeiros artistas? Essas perguntas ainda não deixaram de fascinar-me.

Se o senhor pudesse recompor seus sonhos de adolescente e de jovem aspirante pintor, escolheria tornar-se um Andy Warhol?

Na verdade, entre as minhas fantasias estavam Cézanne, Filippo Lippi e Masaccio. O problema é que eu jamais tinha refletido filosoficamente sobre a pintura. Tive a sorte de viver em primeira pessoa o período da pop art porque, na história, a arte não atingiu muitos outros momentos de criatividade filosófica comparáveis a este. De 1964 em diante, a arte tornou-se uma coisa tão diferente do que era antes que quase todos os escritos de estética anteriores àquela data parecem inúteis, fora de lugar. Muitos filósofos que pensavam escrever sobre filosofia na realidade escreviam apenas crônica artística.

Até agora, o senhor parece atribuir criatividade filosófica apenas a uma parte das vanguardas do segundo pós-guerra, e em particular à ala nova-iorquina da pop art. Mas, que dizer da linha franco-americana do neodada, e refiro-me aqui não apenas a Marcel Duchamp, mas a personagens como Robert Rauschenberg, que o senhor mesmo citou entre os artistas pop? Não acha que, do ponto de vista filosófico, a "transfiguração do senso comum" foi expressa quase mais radicalmente pelos neodadaístas do que pelos artistas pop? Basta pensar nos ready-made *de Duchamp, nos* found-objects *de Rauschenberg e de Louise Nevelson...*

Nutro um grande respeito por Duchamp, embora creia que toda a sua obra só possa ser compreendida a partir de 1960. Antes disso não se conseguia sequer intuir onde iria destacar-se. Entretanto, estou de acordo com você: ambos os movimentos da pop art e do neodada suscitam as mesmas ordens de perguntas sobre a natureza da arte e da história. Perguntas que me levaram pela mão na minha peregrinação filosófica.

Andy Warhol sempre considerou a gestão da sua imagem pessoal, as suas aparições em público, o seu estilo de vida como "evento artístico", equivalente à produção de uma obra de arte. Warhol tratava a si próprio como objeto de arte, ready-made *completamente reificado, mercadoria produzida em série, privada de intensidade subjetiva. Uma operação interessante do ponto de vista estético, mas, imagino, muito difícil de administrar na convivência interpessoal. Onde o senhor conheceu Warhol?*

Onde senão numa *party*? Mas jamais consegui falar com ele. Pertencíamos a duas "espécies" diferentes. Eu não estava em condições de dirigir-lhe a palavra e ele tampouco. Sempre lhe atribuí uma incrível inteligência filosófica, mas não tinha meios verbais para expressá-la. Cada idéia sua era surpreendente do ponto de vista teórico, mas penso que não era capaz de falar de filosofia. A minha experiência com Andy Warhol realizava-se toda a certa distância, parando no outro lado da sala, durante toda uma festa.

Creio que o interesse filosófico da pop art e do neodada reside na problematização das fronteiras conceituais da arte. As fronteiras entre arte e vida fragmentam-se graças à prática do displacement, *a deslocação do valor de uso de um objeto do cotidiano (como a lata de sopa Campbell de Warhol ou o urinol de Duchamp) e a sua elevação a objeto de consumo artístico. Essa erosão da linha de demarcação entre arte e vida fez pela primeira vez suspeitar da "morte" ou "desaparecimento da arte". Uma série de críticos e de filósofos, em diversas ocasiões, apreendeu com efeito essa vibração e a elaborou em diferentes formas. Penso sobretudo em Harold Rosenberg e, no cenário europeu, em Jean Baudrillard. Como o senhor se coloca com relação a esse cenário?*

Particularmente, jamais acreditei no desaparecimento da arte e não consigo compreender como isso poderia acontecer do ponto de vista filosófico. Ninguém jamais falou de arte melhor do que Hegel, que, na sua monumental *Estética*, fala da beleza artística como "materialização sensível" da idéia. Penso que neste caso não pode ir muito além disso. Sempre acreditei que a idéia que se torna corpo sensível fosse uma imagem essencial do evento artístico. E na medida em que a arte tem uma materialização sensível, não pode voltar a ser aquilo que era antes, pura abstração. Paradoxalmente, nem mesmo a arte abstrata é alheia à materialização sensível. O desaparecimento da arte não é, filosoficamente falando, uma possibilidade. Isso não impede que do ponto de vista experimental seja interessante ver quão distante se pode chegar.

A filosofia americana

Primeiro, a propósito da sua atração pela filosofia analítica, o senhor falou de um amor pelas estruturas conceituais, pela transparência da sua anatomia. Se procurássemos dar uma definição global do seu pensamento, julga que seria incorreto falar de uma forma de estruturalismo?

Na realidade, eu falo de "fundacionalismo". O fundacionalismo significa para mim a redução do ente às suas partes constitutivas. Estou certo de que a mente é construída de maneira fundacionalista: existem alguns elementos essenciais e todo o resto é construído com base nestes últimos. Agrada-me a idéia de poder decompor, desordenar e recompor. Escrutar como os diversos elementos se interconectam e funcionam. Não tenho certeza se toda a pintura responde a esses requisitos, mas aqui falo como escritor, como pensador: agrada-me decompor os problemas e recompô-los, para resolvê-los. Embora eu não esconda que é uma imagem muito cartesiana...

O fundacionalismo então é também a chave de leitura do significado estético das vanguardas do segundo pós-guerra, inclusive a pop art?

Sim, exatamente.

Imagino que o senhor percebe que essa é uma tomada de posição muito forte e não amplamente compartilhada. A herança filosófica e estética das vanguardas nos últimos vinte anos está de fato muito mais voltada para uma elaboração antifundacionalista, desconstrucionista e hermenêutica. Da galáxia do pós-estruturalismo na França ao pós-modernismo americano, até ao pensamento frágil italiano. E no fundo, também no mundo da arte, os efeitos da revolução conceitual pop e neodadaísta foram muito diferentes de "fundacionalistas". Se pensarmos na performance art, nos mixed-media, na body art e em todas as outras formas de conceitualismo, não há dúvida de que globalmente exprimem uma visão "niilista", centralizada na crise de algumas noções "fundamentais" como a de estrutura constitutiva ou sujeito fundante.

A performance art adentrou na floresta da "efemerização". Nela estão presentes críticas cortantes às instituições históricas do mundo artístico, os museus, as galerias, lugares que se pressupunham ser simulacros de beleza e de alegria estética. E embora eu sempre tenha pensado que essas críticas fossem muito importantes, quando se desce a uma análise filosófica da arte, descobre-se que os próprios processos de "efemerização" não conseguem atravessar o muro do efêmero.

Muitos artistas americanos do segundo pós-guerra manifestaram um profundo interesse por culturas alternativas, sobretudo orientais. Em particular, nesta alteridade foi reconhecida uma alternativa à sociedade da serialização tecnológica e da alienação consumista. Justamente naqueles anos, o senhor escreveu Mysticism and Morality. *Como concilia a sua perspectiva fundacionalista com o interesse pelas filosofias orientais?*

A aura orientalista já estava no ar desde os anos 50. O grande Suzuki, que foi sobretudo um insigne mestre zen, ensinava no fundo do corredor, aqui no Departamento de Filosofia da Colúmbia. Eu costumava então comparar os seminários de Suzuki em Nova York àqueles sobre o Hegel existencialista, dados por Alexandre Kojève em Paris. Todos vinham ouvir Suzuki e creio que através de sua voz também as idéias zen penetraram muito na consciência intelectual nova-iorquina daquele período. Eu me deixei envolver muitíssimo pelo Oriente, li intensamente muita literatura e freqüentei as mostras de arte japonesas. No livro sobre o misticismo, lembro ter anotado que, passando de uma sala para outra numa mostra sobre o Japão, deparei com uma série de pinturas venezianas, achando-as, para minha surpresa, desagradavelmente "gordas". Aquela água, aquela luz e aquele ar me resultavam insuportáveis.

O senhor ainda lê alguma coisa da literatura oriental?

Ainda hoje penso numa imagem taoísta, descrita por Chuan-Tze. Estamos num açougue, há uma carcaça pendurada e o rei observa o açougueiro que com um só golpe a faz em pedaços. Então lhe pergunta: "Como fez isso? Não parece que tenha feito nenhum esforço". Ao que o açougueiro responde: "Estudei o Tao e estudando o Tao aprendi como e por que as coisas estão juntas".

É essa, de certo modo, a sua idéia da filosofia? Decompor e recompor a ordem do mundo?

Sim, essa imagem é de profunda inspiração filosófica. Mas não é só isso. A pedido do rei, o açougueiro conclui: "Entre dois ossos existe sempre um espaço vazio e a faca penetra nele. Quando se insere o vazio no vazio, a faca não faz esforço e tudo se faz em pedaços". A filosofia deveria fazer justamente isso, dissecar os problemas sem violência. Quando se sabe onde estão as juntas, o problema deveria resolver-se quase sem esforço. Sempre achei muito belas essas metáforas, embora tenha deixado de acreditar no pensamento oriental. Leio ainda o *Bhagavadgita* e o *I-Ching*, mas não penso que sejam mais belos do que tantas outras coisas.

Sempre tive a suspeita de que o interesse dos artistas e dos intelectuais americanos pelo Oriente tenha sido de algum modo predeterminado por uma particular forma de naturalismo, da qual a cultura dos Estados Unidos está impregnada desde os seus inícios. Basta pensar em Emerson, que tinha mostrado ele próprio um súbito e profundo entusiasmo pela filosofia budista. E depois, no século XX, na poética organicista da arquitetura de Frank Lloyd Wright, ele também incansável apreciador dos espaços japoneses...

Entendo essa relação e estou plenamente de acordo. Não há dúvida de que Wright era fascinado pelos paradigmas arquitetônicos japoneses. Mas o Oriente é grande: o "japonismo" teve um impacto estético não somente nos Estados Unidos, mas em toda parte, já a partir dos anos 80 do século XX.

Passando do Oriente para a velha Europa...

Eu sempre adorei a Europa. Estive lá pela primeira vez como soldado durante a guerra. Com o Exército americano desembarquei em Salerno e permaneci na Itália até o fim da guerra. Aprendi um italiano muito elementar, misturado com dialeto campano, e encontrei o tipo de pessoas absolutamente comuns que os soldados encontram. Todas pessoas maravilhosas, mesmo em momentos tão difíceis. A guerra, do ponto de vista humano, foi uma experiência irreproduzível.

Diferentemente de muitos americanos, que conheceram a Europa através das grandes capitais, o senhor a encontrou então na versão mais residual, pobre e certamente não cosmopolita...

Isso é verdade, ainda que na vez seguinte eu também tenha desembarcado na Europa como um verdadeiro "americano em Paris". Era 1949 e em Paris a atmosfera era a mais estimulante que se possa imaginar. Todos os grandes artistas estavam vivos e qualquer conterrâneo meu que caminhasse por aquelas ruas percebia que a vida parisiense era algo de irreproduzível no solo americano.

Todavia, Nova York também, naqueles anos, começava a ser um lugar estimulante.

A filosofia americana

Era realmente. Voltei a Nova York em 1950 e só vi a Europa dez anos depois. Na época eu me apegava muito aos contatos europeus. Hoje estou muito mais distanciado dos lugares. Não me faz muita diferença estar em Nairóbi, em Budapeste ou em Milão. Certamente é preciso muito tempo para penetrar a fundo em cada uma dessas cidades, mas no plano da vida comum elas parecem agora muito niveladas...

A sua relação com os intelectuais europeus também diminuiu nestes anos?

Nos anos 70 na França conheci muitas pessoas, inclusive Jacques Derrida e Jacques Lacan. Mas não tenho verdadeiros amigos. A língua dos intelectuais franceses sempre me pareceu bárbara e intolerável, e assim era sobretudo naquele tempo.

O senhor se refere então a todo o grupo dos estruturalistas transferidos depois para o pós-estruturalismo: além de Derrida e Lacan, também Claude Lévy-Strauss e Michel Foucault.

Lembro como um traço típico daqueles anos o fato de que os eventos intelectuais da máxima importância eram acompanhados de expressões de frivolidade. Pelo contrário, estou convicto de que para dar um passo à frente é indispensável uma certa dose de disciplina analítica. Esses personagens não souberam elaborar as suas idéias, mesmo que fossem profundas. A relação entre palavras e coisas, a noção de paradigma de um texto, o conceito da mente e da história como eventos textuais: trata-se de idéias maravilhosas, com as quais, no final das contas, ninguém ainda fez nada.

Imagino que o senhor não exprimiria o mesmo juízo sobre todos os desconstrucionistas "à Derrida": Philippe Lacoue-Labarthe, Jean-Luc

Nancy e os vários americanos que se juntaram a eles, inclusive os mestres de Yale, Paul de Man, Geoffrey Hartman e Jay Hillis Miller. Os seus ensaios sobre a desconstrução são incandescentes...

A desconstrução tornou-se para muitos um *slogan*, tanto que agora é difícil dar-lhe um significado. As teses da desconstrução só podem ser falsas: como é possível sustentar que a interpretação nunca tem fim, que a verdade não existe? Creio nos objetivos da interpretação e penso que seja melhor para todos que a verdade exista...

E o que pensa da metafísica da desconstrução, lançada por Derrida em A escritura e a diferença *e sucessivamente em* Gramatologia?

Penso que é uma catástrofe, errada e perversa desde o início. Toda a questão da "metafísica da presença" sobre a qual se centraliza a necessidade da desconstrução como empresa de extremo desmascaramento da metafísica está mal colocada. Antes de tudo, jamais foi esclarecido o que há de mal na metafísica da presença. Derrida nunca deixa de etiquetar os textos com essa definição, de seccioná-los e desconstruí-los, mas jamais ousa interrogar esse tema no sentido filosófico. Derrida não decompõe para recompor, mas mais simplesmente submete a exame alguns textos – quanto mais obscuros melhor –, que ele desconstrói e depois passa aos seguintes. O porquê de toda essa operação permanece um mistério. Derrida não acredita em dar o segundo passo para a compreensão das coisas, ele se detém sempre no primeiro. É um mau exemplo, sobretudo para pessoas mais frágeis que ele.

Como o senhor justifica o sucesso americano da desconstrução? Até por causa da oposição dos filósofos deste lado do Atlântico a desconstrução tornou-se uma metodologia da crítica literária, uma maneira de ler os textos e de escrever sobre os textos, baseada na máxima: "nada fora do texto".

Afirmar que não existe nada fora do texto já significa colocar-se fora do texto, dizer algo sobre o texto de um ponto de vista externo. Dito isso, tudo se reduz à pergunta: o que está dentro e o que está fora? E decididamente é muito pouco.

Depois da filosofia, a democracia

Richard Rorty

No panorama da filosofia americana contemporânea, Richard Rorty representa uma exceção absoluta. Talvez desde John Dewey, seu mestre ideal, os Estados Unidos não produziam um "fenômeno intelectual" como ele: um pensador à européia, mais do que um profissional à americana, versátil, otimista e engajado no debate público.

Desde que, em 1979, saiu *A filosofia e o espelho da natureza*, o livro que o fez ascender ao reconhecimento internacional como fundador do "neopragmatismo", Richard Rorty jamais deixou de espantar a comunidade filosófica de além-mar.

Em primeiro lugar, traindo o modelo da sua formação "profissional". Em 1983, depois de quinze anos de ensino no templo filosófico de Princeton, Rorty decidiu transferir-se para um departamento interdisciplinar da Universidade da Virgínia, quase retomando o fio radical das suas origens, que o viram nascer em Nova York em 1931, filho de dois escritores e socialistas de velha data.

Em segundo lugar, assumindo um estilo de pensamento e de linguagem extremamente discursivo. Um gesto conceitual "de largas pinceladas", que, fiel à tradição americana e democrática, do pragmatismo e do liberalismo, só pode opor-se ao rigor da orientação analítica, mais propensa a um trabalho de minucioso esclarecimento argumentativo do que à construção de amplas sínteses especulativas.

O ponto de partida do discurso neopragmatista de Rorty é justamente uma crítica à filosofia analítica, que ele todavia dirige à sua primeira fase, aquela mais ortodoxa e nascida em seguida à imigração do positivismo lógico vienense para os Estados Unidos. Permanece de fato alheia aos seus dardos uma segunda fase do analiticismo, que remete a autores como Quine e Davidson, dos quais Rorty enfatiza a proximidade com o pragmatismo. À releitura pós-analítica deles, Rorty atribui o mérito de ter levado a noção de análise lógica, central a todo o discurso analítico, "a cometer um lento suicídio", operação que, entretanto, o neopragmatismo teria levado a termo em chave histórica.

O pecado cometido pela primeira fase do pensamento analítico, ainda hoje dominante no cenário americano, consiste, segundo Rorty, em ter "profissionalizado" a filosofia, restringindo o seu campo ao de uma disciplina acadêmica, de comum orientação neokantiana, conotada por um estilo legalista e limitada exclusivamente ao horizonte epistemológico.

Os analistas embarcaram assim numa verdadeira obsessão anti-historicista, com dois resultados. De um lado, a negação de qualquer perspectiva histórica de seu trabalho e, de outro, a demonização daquela linha de pensamento que vai da virada idealista de Hegel a alguns desenvolvimentos da filosofia continental – inclusive Freud, Nietzsche e Heidegger – interpretados como modos de pensar obscuros e metafísicos, além de ameaça niilista à razão científica.

Justamente no sentido contrário a essa linha, à qual pertencem também Wittgenstein e os pragmatistas americanos, encontra-se a única perspectiva de ressurreição do projeto filosófico: ou a sua inserção naquilo que, em *Consequences of Pragmatism*, Rorty define como "cultura pós-filosófica".

Um traço distintivo do novo quadro pós-filosófico é a tradução da categoria de objetividade para a de solidariedade. À filosofia, envolvida num processo de des-disciplinarização "humanística", não cabe mais o papel de mãe e rainha das ciências, sempre à procura de um vocabulário definitivo e imortal com base no qual sintetizar ou descartar os resultados de outras esferas de atividade. Ao invés disso, ela se democratiza na forma de uma "crítica da cultura" que a vê transformada numa disciplina entre outras, fundada sobre critérios histórica e socialmente contextuais e preposta ao estudo comparado das vantagens e desvantagens das diversas visões do mundo.

Pluralismo e secularização representam, portanto, as chaves com a qual esta nova realidade fecha as portas da metafísica moderna, da epistemologia e do fundacionalismo.

Um pragmatismo dos vários idiomas disciplinares, ao lado de uma hermenêutica completamente desontologizada da história, redesenha o espaço operativo da profissão filosófica que, abandonando o mito da universal cientificidade, se identifica num projeto maiêutico de "edificação". Maiêutico porque sempre orientado para demonstrar a relatividade de qualquer esforço teórico, e fazer-nos assim duvidar dos valores "modernos" de sistema e fundação, convencendo-nos porém da legitimidade dos valores pós-modernos de proliferação e pluralidade.

No seu último livro, *Contingência, ironia e solidariedade*, Rorty intercala as categorias da contingência e da solidariedade com a da ironia, que pinta como domínio estritamente filosófico. A ironia representa o desencanto, que o novo tipo de pensador, o "irônico liberal", deve assumir a fim de tornar-se "suficientemente historicista e nominalista" para intuir a contingência das suas convicções mais profundas. Irônico de memória tanto socrática quanto voltairiana, o filósofo do neopragmatismo está a serviço de uma "utopia liberal", na qual não crê como destino da natureza humana ou da natureza da história, mas antes como idéia que os homens fizeram dos objetivos pelos quais trabalham. Assim, a solidariedade não é descoberta por meio da sistematização de uma reflexão, mas criada, deixada fluir do valor por meio transgressivo da ironia.

A Europa está sempre à procura de filósofos "a toda prova", versáteis e engajados no debate público. Neste sentido, foi-lhe imediatamente atribuído o papel de "mestre do neopragmatismo", uma espécie de reencarnação de John Dewey.

Dewey foi sem dúvida a figura mais influente durante toda a minha juventude. Ele era chamado de filósofo da democracia, do *New Deal*, dos intelectuais socialistas americanos: para quem freqüentou uma universidade americana antes dos anos 50, era impossível não tomar conhecimento dele. Foi um homem incrível: começou como evangelista cristão, tornou-se então hegeliano, e finalmente leu Darwin, deixou perder-se o cristianismo e tentou fundir Darwin e Hegel. Sua filosofia é uma espécie de naturalização de Hegel, a tentativa de pensar Hegel para além da distinção entre espírito e natureza. Assim como o sistema hegeliano é uma espécie de cristianismo secularizado, em Dewey podemos ver a original combinação da esperança social cristã com o modo darwiniano de ver os seres humanos.

Mas o que pode ainda dizer Dewey a um filósofo de fim de milênio como o senhor?

O que ainda me atrai nele é a sua crítica ao platonismo, ao cartesianismo, a Kant, a toda aquela tradição metafísica a que se opõem Derrida e Heidegger. A sua crítica partia de uma perspectiva de otimismo social, cheio de esperança. Não pensava no fim da metafísica como motivo de desespero ou de niilismo, mas considerava que o seu fim era um processo gradual, a viver por estágios sucessivos, como já ocorreu no Ocidente quando nos libertamos da teologia. Ademais, Dewey negou a possibilidade de recompor uma cultura a partir de considerações de ordem teológica, além dos dualismos da metafísica; mas estava também consciente do fato de que tudo isso comportaria muito tempo para ultimar-se, que o caminho da total secularização da cultura era ainda muito longo.

Como o senhor definiria então a diferença de perspectiva entre o pragmatismo deweyano e o seu projeto neopragmatista?

Na verdade, não vejo grandes diferenças, a não ser o fato de que dou muita atenção à filosofia da linguagem, um campo que Dewey absolutamente não considerava. Mas isso depende da diferença dos contextos culturais: eu me formei na filosofia analítica. Na linha analítica, os temas, ou melhor os ataques deweyanos aos dualismos metafísicos foram interpretados de modo bastante persuasivo por Quine e Davidson. Não creio entretanto que isso acrescente muito ao que Dewey já tinha dito, senão uma "adaptação" a um público diferente, com diferentes expectativas.

Quando foi o seu primeiro encontro com o horizonte da análise lógica?

Por um breve período eu estudei com Carnap e com Hempel, mas quase por acaso. Minha formação foi, de fato, sobretudo histórica. O encontro com a filosofia analítica ocorreu em Princeton, quando eu já lecionava, e foi um momento realmente intenso. As últimas obras de Wittgenstein estavam apenas para ser assimiladas, Quine e Sellars estavam escrevendo seus trabalhos mais importantes.

A filosofia americana

Qual foi o papel de Wittgenstein na área de influência analítica nos Estados Unidos?

Li Wittgenstein em fins dos anos 50, como uma espécie de descanso de Reichenbach. Wittgenstein desempenhou o papel do pragmatista na filosofia da linguagem, descontinentalizando ou desfregeizando a filosofia da linguagem. A obra de Wittgenstein pareceu muito ameaçadora porque contribuiu para destranscendentalizar, desprofissionalizar, dessublimar a filosofia. Por essa razão, os filósofos acadêmicos, na América e na Inglaterra, tiveram uma relação muito ambivalente com ele: ele é reconhecido como o maior, mas ao mesmo tempo representa o perigo maior para a profissão. Além de tudo isso, Wittgenstein conserva para mim um grande fascínio. Como diz Stanley Cavell, os dois maiores filósofos do século XX, Heidegger e Wittgenstein, estavam exatamente nos antípodas: o primeiro escrevia como se tivesse lido tudo e o segundo, como se não tivesse lido nada.

Por que a filosofia americana entre as duas guerras se abriu com tanto entusiasmo aos emigrados europeus?

No campo filosófico, a América não produziu nada de importante durante um período bem longo: as obras principais de Dewey remontam a antes de 1925, e depois, embora Dewey ainda estivesse vivo e reverenciado, por quase três décadas não aconteceu mais nada. Nos anos 30, Carnap, Hempel, Tarski, Reichenbach, todos começaram a afluir aos Estados Unidos, e depois da Segunda Guerra Mundial assumiram o comando dos departamentos de Filosofia das universidades americanas. Creio que isso ocorreu em nome de um fundamental anti-historicismo, baseado na idéia de que a filosofia devesse tornar-se um fato científico. Antes da guerra, a formação de um filósofo incluía Platão, Santo

Tomás de Aquino, Descartes; nos anos 70 já não se lia mais nada de "histórico", mas apenas artigos e livros de filosofia analítica militante. Com efeito, hoje temos dois tipos de filosofia: uma é a analítica, que é ensinada nos departamentos de Filosofia, e outra é a que é ensinada em toda parte, menos nos primeiros.

Qual é a razão dessa oposição ao historicismo, assimilada tão às pressas pela filosofia americana?

Os positivistas lógicos consideravam que um signo distintivo do fascismo era a oposição às ciências naturais, e que impor então à filosofia critérios de cientificidade representava também uma profissão de fé política antifascista. A identificação de Heidegger com o nazismo foi realmente importante para Carnap, que reconhecia na "historicidade do Ser" a prova do seu nazismo. Quando Carnap imigrou para os Estados Unidos importou essa convicção, que a filosofia devesse ser defendida do nazismo e do historicismo evitando autores como Platão, Hegel e Nietzsche. Por outro lado, Karl Popper também compartilhava o mesmo ponto de vista, expresso claramente no seu *A sociedade aberta e os seus inimigos*, um livro de enorme influência no debate filosófico americano daqueles anos. Popper considerava que Platão, Hegel e Marx eram pensadores totalitários, que era preciso evitar aquele estilo filosófico e abraçar a cientificidade de um pensamento mais atualizado. E essa foi uma forma de retórica ideológica muito incisiva: ainda hoje, muitos filósofos americanos estão convencidos de que a categoria distintiva da decência política e moral coincide com o respeito pela racionalidade científica.

Talvez seja um pouco aquilo que aconteceu com o historicismo italiano depois de Croce e Gentile. O senhor acha que o mesmo destino possa caber à hermenêutica aqui nos Estados Unidos? E refiro-me sobretudo ao historicismo hermenêutico de Gadamer, hoje no centro de grande parte do debate europeu.

Não, não creio. Em todo caso o papel da hermenêutica é bem mais marginal nos Estados Unidos do que na Europa. Em vez de hermenêutica, discute-se *continental philosophy*, incluindo todos, desde Gadamer até Lyotard. Por outro lado, não me parece que a hermenêutica tenha um papel uniforme no conjunto europeu. Na França e na Alemanha falou-se muito nela nos anos 60 e 70, mas hoje discute-se mais o pós-estruturalismo.

Se o senhor tivesse que escrever uma história da filosofia americana, quando ela se iniciaria?

Certamente eu sublinharia a grande ruptura dos anos 50, o desenvolvimento de outra filosofia que é a filosofia analítica. O problema de quando começar é grande: muitos filósofos americanos – Royce, Santayana – não deixaram uma escola.

E Emerson?

Emerson jamais foi lido como filósofo pelos filósofos. É como o caso de Nietzsche, que antes de Heidegger não era considerado um filósofo. Só recentemente filósofos como Stanley Cavell e Cornel West procuraram trazer Emerson para dentro do "cânone filosófico". Emerson e Thoreau eram considerados figuras literárias, na tradição dos americanos excêntricos.

Dewey é então uma exceção dentro do panorama americano: porque deixou uma escola, e porque conciliou, por assim dizer, a lógica do mosteiro com a da cidade, despertando a atenção do pensamento americano para questões de ordem ético-social.

No fundo, a cultura americana é profundamente política. A própria América, como nação, é fundada sobre um conceito ético-especulativo que é a liberdade. A América foi fundada com a idéia de ser a nação mais livre do mundo, a mais democrática, aquela em que os horizontes eram mais abertos do que em qualquer outro lugar. Existe uma espécie de "romance nacional" sobre a autodeterminação moral da América, que, diferentemente da Europa, não tem história ou tradição a que recorrer. Creio que existe um forte romantismo na base da cultura americana, que, intacto, escorre de Emerson para Dewey. Mas felizmente hoje se perdeu. E isso aconteceu bem recentemente: com a Guerra do Vietnã.

O senhor identifica a identidade intelectual dos Estados Unidos com um "romance nacional" interrompido. Mas o que acontece hoje?

Atualmente são poucos – alguns velhos socialistas como Sidney Hook – os intelectuais americanos envolvidos nessa espécie de romantismo social. A sobrevivência do romance nacional era atribuída à certeza de que a América era o país do futuro. O fim do predomínio internacional americano rompeu esse sonho e parece que os intelectuais se tornaram rancorosos.

Por que deveria ter-se interrompido justamente com a Guerra do Vietnã?

Para dizer a verdade, foram duas guerras que os intelectuais tinham denunciado, e das quais se dissociaram, acusando a América de querer tornar-se outra potência imperialista ao lado da Europa: a guerra mexicano-americana e a hispano-americana. Mas a Segunda Guerra Mundial cimentou de novo a convicção de que a América podia desempenhar um papel libertador: eventos como o Plano Marshall reconquistaram os intelectuais com o otimismo e o sentimento de que os Estados Unidos carregavam consigo a promessa de um mundo melhor. A Guerra do Vietnã rompeu tudo isso, e, em certo sentido, o país ainda não se refez do choque. Quando as tropas se retiraram, percebeu-se que tínhamos sido derrotados; pela primeira vez em duzentos anos tínhamos perdido a guerra. A Guerra da Coréia tinha sido de fato outra derrota, mas talvez menos percebida. Depois do Vietnã, a América não foi mais a nação de Deus.

O senhor considera que a religião tenha desempenhado um papel importante na autodeterminação nacional da América?

Às vezes, mas não de maneira predominante. Thoreau e Walt Whitman não eram religiosos. No tempo do chamado *social gospel*, o cristianismo social-democrático do início do século, sim: quando as igrejas protestantes do Norte se tornaram a vanguarda no debate sobre a reforma social, a religião tornou-se realmente importante. E depois ressurgiram nos anos 60, com as batalhas sobre os direitos civis de Martin Luther King.

Tentemos agora trocar de lugar e olhar a Europa da América: qual é o autor "continental" que mais influiu sobre a sua obra de filósofo transatlântico?

Eu citaria Martin Heidegger. Eu o li pela primeira vez em fins dos anos 50, por pura curiosidade em relação ao que acontecia na Europa.

Qual Heidegger lhe interessava mais: o Heidegger existencialista de Ser e tempo *ou o Heidegger hermenêutico de* Holzwege?

No início, a única obra que se conhecia era *Ser e tempo*; por outro lado, também na Europa, até o início dos anos 60, Heidegger significava ainda *Ser e tempo*.

Hoje, na Itália, alguns filósofos como Gianni Vattimo tendem a reunir as duas fases do pensamento heideggeriano numa única parábola, e portanto recuperar o Heidegger existencialista segundo uma nova perspectiva pós-metafísica. O que o senhor acha disso?

Estou de acordo. Pode-se, com todo o direito, afirmar que Heidegger lutou a vida toda pelo mesmo objetivo: superar a si mesmo. A *Carta sobre o humanismo* repudia *Ser e tempo*, assim como *Que significa pensar?* repudia a *Carta sobre o humanismo*. E isso é significativo também no tocante ao "caso Heidegger" e suas relações com o nazismo. Heidegger era um homem com um péssimo caráter. A realidade é que entre filosofia européia e filosofia americana não há nenhuma continuidade. Os intelectuais americanos se esqueceram da filosofia por muito tempo, até que, nos anos 60, autores europeus como Habermas, Gadamer, Derrida reavivaram-lhes a memória. Mas isso não significa que tenha havido uma verdadeira interação.

Por que o senhor atribui esse papel a Derrida, Foucault e Habermas, e não a Marcuse e Adorno, ou seja, aquela geração anterior que, além de ter imigrado para os Estados Unidos, aqui ensinou regularmente?

A geração anterior existia e não existia, eles estavam aqui de corpo, mas não de espírito; a América nem sequer os notou. As coisas que Adorno e Marcuse diziam deste país eram absurdas, viveram aqui em exílio sem acreditar que fosse uma nação de carne e osso. E depois, creio que para entrar realmente na lógica de Adorno e de Marcuse seja necessário tomar Marx muito mais a sério do que se tomou na América. Derrida, Foucault e Heidegger não lhe pedem isso. Antes dos anos 60, nos Estados Unidos, Marx não era lido, e por muitos aspectos ainda não o é.

Entre os autores do chamado pós-estruturalismo francês parece-me que Foucault é com quem o senhor mais se relacionou.

Sem dúvida ele foi um homem fora do comum, com uma grande imaginação, e um escritor de livros memoráveis. Foucault foi a figura mais influente sobre a cultura da esquerda americana, mas sua influência foi perniciosa. O resultado foi com efeito "desengajar" os intelectuais: a idéia era aquela de resistir ao biopoder exercido pela sociedade capitalista sem nenhuma consciência política sobre como resistir, sem programa político, sem utopia política, sem nada. Foucault lançou a comunidade intelectual num profundo estado de ressentimento.

Na Itália, a influência de Foucault foi profundíssima, seja no sentido do debate intelectual seja do ponto de vista das grandes reformas institucionais, que nos anos 70 revolucionaram a psiquiatria e, de modo geral, as estruturas dos manicômios.

Aqui na América também os manicômios foram abertos, mas não graças a Foucault. Seus livros são lidos exclusivamente pela *intelligentsia* literária, os médicos não o levam a sério.

Embora o senhor diga não, Marx foi uma referência fundamental para todos os autores do pós-estruturalismo francês: Lyotard, Deleuze, Virilio e até Foucault. O senhor nunca leu Marx?

A casa de meus pais, socialistas de velhíssima data, estava inundada de Marx. Eles, sim, o tinham lido. Eu o li quando jovem e como diletante, jamais como filósofo. Sempre achei difícil pensar no marxismo como uma tradição filosófica pura.

Isso influi de alguma forma o seu modo de ler Habermas e toda a sua mais recente assimilação americana na perspectiva pós-moderna? Penso em particular em Fredric Jameson e na sua idéia de um "inconsciente político" da sociedade de consumo.

Quando Habermas declara ser um marxista eu absolutamente não vejo a sua justificação. Não soa nada marxista. Eu o considero um liberal normal de cunho deweyano. Existe uma espécie de "piedade" no pensamento europeu segundo a qual não é lícito voltar as costas a Marx: é preciso a todo custo encontrar algo correto nele, pelo menos nos escritos juvenis. E isso jamais aconteceu na cultura americana, nem sequer em Jameson.

O marxismo é então uma herança distintamente européia?

Existem duas barreiras que separam o pensamento americano do europeu: a primeira é que os americanos leram menos textos de história, conhecem no conjunto menos história das idéias do que se conhece na Europa. A segunda é certamente a recepção de Marx.

O impulso otimista emanado da sua filosofia entra em choque com o tom crepuscular, decadente e um tanto nostálgico do nosso esprit du temps continental. Com efeito, a hermenêutica filosófica, a transvanguarda, o neo-romantismo na música são todos movimentos que atribuem uma nova centralidade à memória e à citação entendida como canal de acesso privilegiado à história.

Se dentro da hermenêutica se inclui também o pensamento frágil, cujas vicissitudes eu conheço um pouco, não se deve dar ensejo a mal-entendidos. Tanto John Dewey como os fragilistas afirmam que não é absolutamente certo que a história esteja do nosso lado ou que exista qualquer força capaz de produzir resultados positivos. Pelo contrário, existem nove probabilidades em dez de que as coisas vão todas acabar mal. Permanece importante, todavia, a esperança que essa força instila e o fato de que não existe um destino que nos faz ir numa direção ou em outra; para contar, não existe uma única história hegeliana do progresso e tampouco uma única história heideggeriana do niilismo.

Uma das suas definições mais debatidas, a de cultura pós-filosófica, repropõe o problema da transdisciplinaridade, tanto no nível teórico como no institucional.

Todo esse problema nasce do desejo de reagir contra a noção científica de filosofia. A filosofia não é uma disciplina quase científica: no momento em que se pensa nela em continuidade com a literatura não tem mais sentido nenhuma segmentação disciplinar. Parece-me que na Europa se lê a filosofia nesta chave já há muitíssimo tempo. Valéry e Sartre perambulavam de uma para a outra conforme o momento. E parece-me uma condição bastante desejável não ter mais de preocupar-se se estamos escrevendo filosofia ou literatura. Nos Estados Unidos, não se pode permitir isso porque é necessário prestar atenção a que departamento se pertence.

Na definição da perspectiva pós-filosófica, parece-me que o senhor quer ancorar a dissolução cruzada entre filosofia e literatura na noção de narrativa, narração ou relato. O que significa isso?

Creio que o discurso deva remeter à diferença entre Kant e Hegel, à distância que separa a *Crítica da razão pura* da *Fenomenologia do espírito*. Na *Fenomenologia* e nos escritos juvenis de Hegel temos um tipo de escrita filosófica que é em forma narrativa e é fundamentalmente um conto sobre a história do gênero humano. Penso que este último se tornou uma modalidade predominante do pensar filosófico, embora nas universidades jamais se possa admitir a sua prática porque é preciso fazer de conta que se estuda alguma coisa: a natureza do texto, a natureza da ciência. Isso jamais deixará de espantar-me.

Entretanto, no seu último livro, Contingência, ironia e solidariedade, *a propósito de um autor certamente não analítico como Derrida, o senhor escreve que os seus livros são limitados a um público exclusivo de filósofos, porque aos outros faltariam os pontos de referência indispensáveis para compreendê-los.*

Não digo exatamente não filósofos ou não professores de Filosofia, mas pessoas que anteriormente não leram sobre história da filosofia. Qualquer um que tenha uma formação européia no nível do *gymnasium*, do *licée* francês ou do *liceo* italiano, em que a Filosofia é parte integrante dos programas por pelo menos três anos, pode provavelmente seguir as argumentações. Mas eu escrevo para um público anglófono que, pela estrutura da formação secundária, não tem os instrumentos para captar as alusões.

O problema de escrever contos sobre a filosofia, de escrever sobre filosofia, mas como escritor, se traduz então no problema do público: para quem se escreve?

Hegel também escrevia para um público limitado. Nietzsche e Platão sempre foram lidos e, se continuam sendo, sempre haverá alguém que continuará lendo até Derrida. Pelo menos alguém...

Ainda a propósito de Derrida. O que o senhor pensa do sucesso americano da "desconstrução"? Paradoxalmente na Europa, onde foi criada, ela ocupa uma posição bem menos central.

Creio que a desconstrução é um produto americano. É um termo usado de modo variado e às vezes indiscriminado. Só Deus sabe o que quer dizer. Considero que corresponde mais ao que Paul de Man entendia por desconstrução do que àquilo que Derrida sempre entendeu. A crítica literária de Paul de Man, pelo que posso julgar, não existe; mas desde o momento em que temos cem mil professores de Literatura nos Estados Unidos, ela foi assimilada como parte da instrumentação crítica que é ensinada nos programas de doutorado.

Como o senhor definiria a diferença entre "desconstrução" e "textualismo", um termo de grande sucesso que o senhor mesmo cunhou em Consequences of Pragmatism?

Textualismo indica o mínimo denominador comum entre De Man e Derrida, mas não se deveria abusar dele. Entre De Man e Derrida existe uma orientação do pensamento dirigido para fazer com os signos aquilo que outrora se costumava fazer com as idéias.

Qual é a relação entre a noção de texto, de que se deriva textualismo, e o seu conceito de narrativa?

Narrativa significa contar uma história sobre a palavra espírito, sobre a Europa, o Ocidente, a cultura, a liberdade, a luta de classes. Simplesmente contar uma história sobre um desses grandes temas, a respeito dos quais cada um coloca sua própria vida.

O propósito dessas "histórias" seria então o de fazer dialogar a cultura, mais do que comunicar uma visão conjunta do mundo.

O objetivo dessas histórias é dar sentido à existência do autor. Fornecer-lhe um modo de entrar em contato com os grandes homens do passado. Eu leio Platão, Cervantes, Dante, e a certa altura me pergunto: qual é a minha relação com todos eles? E escrevo uma história.

Há uma nuança monumental, ou melhor, museológica, nesse seu discurso.

Sim, com efeito. Porque conceitos como os de homem, liberdade, luta de classes são os grandes monumentos, como direi, os heróis da história, dos contos.

No seu último livro, o senhor fala de "utopia liberal". A que se refere?

É simplesmente a idéia, não muito nova, de uma igualdade de oportunidades, mais ou menos aquilo que Rawls descreve no seu livro *Uma teoria da justiça*; a idéia de uma sociedade em que, se existem desigualdades, é porque, de qualquer outro modo, haveria muito mais ainda.

E a figura do "irônico liberal", a que se refere?

Quando se fala da sociedade apenas em termos de utopia liberalista e de igualdade de oportunidades e se renuncia a considerações filosóficas de longo alcance, tais como as leis da história, o declínio do Ocidente, o fim do niilismo, então se está na condição de agir como irônico liberal. O irônico considera que a utopia não exprime o destino da natureza humana, da natureza da história, o desejo de Deus, mas representa simplesmente a idéia melhor que os homens fizeram do objetivo pelo qual trabalham. A "ironia", neste contexto, significa algo de muito próximo ao antifundacionalismo.

O conceito de ironia, nas vanguardas artísticas, mas também na tradição filosófica de Sócrates a Voltaire, não é uma pura modalidade descritiva, mas contém uma dose de sutil transgressão.

Não particularmente no uso que eu faço dela. O tipo de ironia que tenho em mente não se ocupa da transgressão, porque não há nada para transgredir. É uma maneira de perceber a si mesmo, um estado de ânimo.

Que lugar ocupam as temáticas existenciais, a morte, a angústia, a dor, dentro da sua visão?

Não creio que a filosofia tenha objetos particulares. Muitos empregam grande parte do tempo a pensar na morte, outros no sexo, outros na família, outros no dinheiro. Nenhum desses assuntos é mais filosófico do que outro por natureza.

A sua indiferença em relação ao existencialismo me deixa curiosa, e me leva a falar da sua primeira abordagem de Heidegger: o que o senhor procurava em Heidegger no fim dos anos 50?

Procurava compreender o que tinha acontecido depois de Hegel; e a resposta foi, então, Nietzsche. Hegel foi uma figura de tal ruptura que se pergunta o que realmente sobrou para fazer na filosofia depois dele. Creio ter lido Heidegger para dar-me conta do que fizeram os poucos que tinham tentado reler Hegel. E li também Kierkegaard pela mesma razão.

O senhor me disse que seu pai e sua mãe eram socialistas de longa data. Jamais lhe suscitou qualquer conflito dedicar-se a Dewey e não a Marx?

Marx sempre me pareceu uma crítica perfeitamente razoável ao capitalismo, recheado de muita filosofia. Mas comparado a Hegel... A meu ver, Marx era realmente um economista. Eu tive o mesmo problema com Kolakowski: resulta-me difícil ler Marx sem Lenin ou Stalin.

O que significa filosofia da ciência na sua perspectiva?

Originariamente, significava apenas epistemologia empirista; quando Carnap e Reichenbach usaram essa expressão, ela aludia à repetição daquilo que o empirismo inglês já havia feito, nos termos da *sense perception*. Depois de *Estrutura das revoluções científicas* de Kuhn e da obra de Feyerabend, ela começou a indicar algo diferente, ou seja, a dissolução da distinção entre ciência e não-ciência, a tentativa de repensar a natureza da ciência em si e por si, e não num sentido puramente diferencial.

O senhor considera que a filosofia deva assumir uma função "crítica" em relação à ciência?

Eu não creio que a filosofia possa ou deva ser crítica em área nenhuma. Quando as pessoas se referem à filosofia como a algo de "crítico" é como se dissessem: os cientistas ou os políticos utilizam ainda o vocabulário de algum outro filósofo, quando não deveriam, deveriam usar o meu! Quando se diz que a filosofia critica a ciência ou qualquer outra área do saber significa que ela critica os resíduos de outras filosofias, tal como surgem na prática cultural.

Resulta-me difícil compreender como o senhor relaciona a perspectiva liberalista e a idéia de uma filosofia totalmente estranha à crítica social.

Não precisamos da filosofia para a crítica social: há a sociologia, o romance, a psicanálise, há tantas maneiras de criticar a sociedade. Tomemos Foucault, um crítico da sociedade emergente: os seus textos mais belos não me emocionaram por ser particularmente filosóficos. A parte mais interessante de Foucault são as particularidades sobre a cultura da loucura, da prisão, dos hospitais, detalhes muito concretos. Ele era também um excelente pensador da filosofia; mas o fato de colocar de modo tão radical o problema da diferença social fazia dele um autor que aprofundava, muito mais que qualquer outro que conheço, áreas insólitas.

O que é então a filosofia? O testemunho da sobrevivência de uma comunidade de leitores de textos filosóficos?

Não creio que a pergunta seja legítima. A motivação que me incita a escrever livros de filosofia são todos os outros livros que li. Mas não existe necessariamente uma comunhão de temas ou de pontos de vista. Não existe uma razão para que eu "reaja" a alguns livros e a outros não. De vez em quando surge um poeta original, um filósofo original. Mas é um mau hábito perguntar qual é a nossa missão.

Apologia do ceticismo

Stanley Cavell

Sob muitos aspectos, Stanley Cavell parece o mais europeu entre os filósofos americanos contemporâneos. A sua juvenil tergiversação entre a música e a filosofia, a sua militância entre as fileiras dos intelectuais nova-iorquinos "engajados" do imediato pós-guerra, a sua atenção às genealogias históricas dos fenômenos culturais são todos traços anômalos para o campo estritamente técnico-argumentativo próprio dos filósofos de além-mar.

Mas, paradoxalmente, justamente essa formação da velha Europa o levou a interrogar-se sobre as origens, a reconstruir uma espécie de fenomenologia das raízes daquela cultura americana que o gerou; ele, filho de emigrados judeus da Europa Central, nascido no coração sulista do país, em Atlanta, em 1926.

Único entre os seus colegas de Harvard e caso isolado em relação à realidade "profissional" do Novo Continente, Stanley Cavell lançou-se numa corajosa recomposição do pensamento americano. Pressuposto crucial do seu percurso é um conceito de filosofia entendida como ponto de intercessão, existencialmente muito denso, das diversas linguagens humanistas, literárias, cinematográficas, musicais, que Cavell praticou como crítico e estudioso de estética desde o seu primeiro livro, *Must we Mean What we Say?* [*Devemos querer dizer o que dizemos?*], de 1969. Mas seria um erro pensar que Cavell é um historiador das idéias. Como no caso de Michel Foucault, todo o seu esforço de reedificação genealógica não teria de fato razão de ser senão em razão de um forte projeto teórico, que coincide com uma complexa revalorização do ceticismo. Uma perspectiva filosófica que Cavell reabilita, interpretando-a em chave neo-romântica como angústia pelo alcance inevitavelmente finito do conhecimento.

O ceticismo, para Cavell, não é uma dimensão do desencanto, a expressão de uma cultivada indiferença pelas fascinações universalistas e totalizantes do saber. Mas, ao contrário, representa a constante reproposição da autoconsciência da solitária interrogação existencial sobre os valores últimos: a finitude, a fragilidade e a tragédia da condição humana, vistas na sua distância irremediável em relação à transcendência.

Mais do que neo-romântica, a atmosfera que circunda o pensamento de Cavell é todavia neotranscendentalista. Na genealogia do ceticismo, a primeira etapa coincide de fato com uma "recuperação filosófica" do transcendentalismo americano, tão geral quanto superficialmente considerado um fenômeno de matriz literária. Primeiro entre os filósofos do pós-guerra, Cavell faz emergir, sobre o fundo histórico do puritano Massachusetts, dois heróis da saga nacional americana: Ralph Waldo Emerson e Henry David Thoreau, até hoje modelos de liceanos briguentos ou de acadêmicas análises textuais.

Figuras de intelectuais complexos, dedicados ao debate público tanto quanto à meditação solipsista, fatalmente suspensos entre a Europa e o Oriente: Emerson e Thoreau representam para Cavell uma raiz inalienável da cultura americana, que aquela "profissionalização" da filosofia, ocorrida em seqüência à imposição do positivismo lógico entre as duas guerras, afastou irremediavelmente. A coletânea de ensaios intitulada *The Senses of Walden* [*Os sentidos de Walden*] é testemunha de uma paixão jamais abandonada realmente, que habitou Cavell em diversas etapas: desde a primeira publicação do homônimo *The Senses of Walden* em 1972, inteiramente dedicado à obra de Thoreau, até os outros dois ensaios sobre Emerson, "Thinking of Emerson" ["Pensando em Emerson"] e "An Emerson Mood" ["Um estado de espírito emersoniano"], em 1979 e 1980.

Mas não só. *Ante-litteram*, Emerson e Thoreau personificam um ideal filosófico distintamente cético, que consiste numa sensibilidade pela esfera cotidiana do *ordinary*: o único escrínio da transcendência que nos é permitido tocar, a percepção do infinito transfigurada na finitude diminuta do cotidiano. Um conceito antes romântico e depois transcendentalista, que Cavell encontra articulado na filosofia da *ordinary language*, desenvolvida no pensamento do século XX por Ludwig Wittgenstein e John Austin. Deste último, e não é por acaso, Stanley Cavell foi aluno e colaborador durante seu estágio junto à Universidade Harvard.

Sobre o percurso que do transcendentalismo leva à filosofia da *ordinary language*, Cavell concentrou ao mesmo tempo o seu esforço teórico e genealógico. Testemunhas disso são duas das suas obras principais: *The Claim of Reason: Skepticism, Morality, and Tragedy* [*O clamor da razão: ceticismo, moralidade e tragédia*], publicada em 1979, e *In Quest of the Ordinary: Lines of Skepticism and romanticism* [*À procura do ordinário: variantes do ceticismo e romantismo*] de 1988.

A hegemonia do analiticismo científico e epistemológico, nascido na esteira de Carnap, Reichenbach, Hempel e os mestres do Círculo de Viena, até agora impediu, segundo Cavell, uma verdadeira recepção da filosofia inglesa da *ordinary language*. E mais ainda que Austin, é sobretudo Ludwig Wittgenstein, cuja obra não pode ser reduzida nem utilizada em qualquer forma "profissional", que é mal conhecido nas suas potencialidades de reflexão metafísica.

Numa recente série de conferências, publicadas sob o título emersoniano de *Esta América nova ainda inabordável*, em 1989, a intensidade do olhar filosófico de Wittgenstein é definida como "a cena da ilusão e da perda", a expressão daquela oscilação fundamental entre imanência e transcendência que o ceticismo não somente revela, como reproduz na prática cotidiana do pensamento. Ao refletir a sua fascinação pelo cotidiano, a escrita torna-se assim a fonte de uma atualidade que em si mesma contém os termos da eventualidade, do impulso em direção à sua ideal superação.

A cultura americana elaborou num sentido todo seu a noção de "intelectual": de um lado, atribuindo a essa figura uma forte conotação de compromisso público e, do outro, negando-lhe qualquer ordem em relação ao mundo universitário. A oposição entre intellectual *e* scholar, *intelectual e estudioso, é a conseqüência disso. O senhor é um dos poucos filósofos americanos a ter percebido a urgência de levantar essa problemática, procurando construir algumas premissas históricas. Por que o senhor se sente, além de um professor, também um intelectual?*

A oposição entre *intellectual* e *scholar* é uma das mais arraigadas na cultura americana de hoje, embora seja muito difícil de usar. Em parte, isso é devido à falta de uma tradição específica dos dois grupos: não existem tantos professores famosos de nível internacional, e talvez nem mesmo tantos intelectuais. Ainda mais difícil é compreender, na mesma pessoa, onde está o limite entre os dois: basta pensar em Hannah Arendt ou em Theodor Adorno, que residiram ambos aqui nos Estados Unidos.

Emerson e Thoreau, os dois heróis do transcendentalismo aos quais o senhor, pela primeira vez, deu espessura filosófica, são scholars *ou* intellectuals?

É o que eu sempre me pergunto. Se um americano é um intelectual, precisamos sentir nos seus escritos uma espécie de autobiografia da América. Nós americanos não podemos evitar esse confronto, porque não temos um lugar que nos insira numa tradição. O esforço do americano não é o de colocar-se em contato com o mundo, mas fixar-se, interrogar-se e descobrir-se. Os americanos não têm nada a dizer, ainda, em voz alta, a não ser em relação à economia americana e à política econômica dos Estados Unidos.

Na "história intelectual americana" existe um mito sobre o qual, sobretudo nos últimos anos, já correram rios de tinta: o mito da Nova York dos anos 30, percorrida pelo frêmito do engajamento social da intelligentsia.

Sim, esse momento efetivamente existiu e se estendeu até os anos 40. Houve também intelectuais, no sentido de que um certo número de homens de engenho desenvolveram uma consciência da espessura "intelectual" da cultura. Mas o que deixaram e, sociologicamente falando, que apoio poderiam ter, eu não sei. Foi um momento ruidoso e fugaz, que sobre mim, jovem à procura de uma identidade, exerceu um grande fascínio. Houve um momento, durante a *graduate school*, em que eu não sabia se iria fazer música ou outra coisa. Como compositor, fui aluno de Ernest Bloch em Berkeley, onde cheguei de Atlanta, minha cidade natal. Depois vim para Nova York para seguir os cursos da Julliard School of Music.

Quando se decidiu pela filosofia?

Quando cheguei a Nova York, meu destino de musicista já estava acabado: eu passava os dias escrevendo e lendo Freud, procurando dividir-me para compreender quem eu era e depois ao mesmo tempo recompor-me em outra forma qualquer. Foi então que comecei a estudar filosofia... As horas em que eu cabulava as aulas de composição na Julliard, em pânico total, eu as passava lendo, além de Freud, os artigos da *Partisan Review*, que na época era o órgão daquela *intelligentsia* de que falávamos. Especialmente Lionel Trilling e os primeiros escritos sobre o cinema de Robert Warshaw me provocavam uma espécie de êxtase. Entre os escritores, eu apreciava Saul Bellow e Isaac Rosenfeld. Depois havia também outras revistas literárias de grande atração. O movimento literário do *new criticism* estava no auge.

O que foi que decretou o seu divórcio da Partisan Review?

Em Nova York sempre faltou uma verdadeira coesão intelectual. Por que razão o *new criticism* aparecia somente como realidade literária, e o grupo da *Partisan Review*, um gueto de teóricos; por que razão essas comunidades não se relacionavam para nada, isso jamais entendi. E também os poucos, como Lionel Trilling, que conseguiam servir de ponte não eram capazes de fazer dialogar os dois universos. Está aí a razão da minha separação. Embora fossem experiências estáticas, eu as considerei limitadas. Pessoalmente, sempre procurei "posicionar-me", tentando delimitar a geografia da minha contribuição, da minha voz. E quando a análise literária deixou de assumir posições teoricamente interessantes, faltou literalmente ar, não se respirava mais. A "intelectualidade" consistia em tomar de empréstimo palavras, novas e fascinantes, todas por descobrir. Mas era como se não conseguisse estabelecer genealogias de sentido: as palavras eram declaradas "importantes" somente em relação àquele momento, àquela ocorrência. Eu, como compositor, estava procurando a minha voz, o meu tom: e não consegui encontrá-lo naqueles escritos, como não consegui encontrar o tom de nenhum outro.

Voltando à distinção entre scholar *e* intellectual, *o senhor conclui que o único verdadeiro movimento intelectual americano foi um fogo de palha, quase uma brincadeira do destino numa cultura que não é capaz de desenvolver "intelectualidade" no sentido europeu.*

Não se pode falar dessa distinção sem falar da América em si. Creio de fato que ela a representa, e que a representa justamente na sua indefinição. Não quero dizer que na América não existam grandes estudiosos (*scholars*). Está cheio. Mas institucionalmente o que significa? O "estudioso" americano, como explica o ensaio homônimo de Emerson, não existe, ou melhor, não preexiste num modelo. Não se sabe nada dele: quando surge é misterioso. Poderia ser qualquer um, um bandido, um funcionário de banco, um professor. Por outro lado, essa é também a fantasia americana. Você não deve aparentar aquilo que é na realidade. Qualquer um, na América, pode eleger-se como pretendente de um trono que, pela Constituição, não nos é permitido ter.

O senhor acha que o mesmo discurso vale também para a estrutura institucional das universidades, tão diferente da européia, afastada da vida pública, ancorada num modelo de isolamento mais próximo do mosteiro medieval do que de um órgão integrado da vida social?

Creio que sim. Ainda que sejam as melhores do mundo, o que são as universidades americanas do ponto de vista sociológico ou político? O que representa a figura do docente na universidade americana? A verdade é que na América o mito é o de não ter modelos. Sobretudo em filosofia, onde sempre me achei deslocado porque jamais persegui aquela impostação "técnica", analítica, que lhe permite identificar-se e utilizar uma tradição. Isso não é verdade apenas para as universidades, mas também para as cidades, que se reconstroem à medida que se constituem. Assim me peguei falando da América, dos seus irredutíveis "desvios", totalmente abertos ao futuro, todos ainda por definir.

Referindo-se a Nova York, o senhor citou intelectuais europeus como Adorno e Hannah Arendt. Estes, porém, representam apenas a metade dos grandes emigrados europeus entre as duas guerras, e em particular justamente aquela metade que a cultura americana recusou. A outra metade, no campo filosófico, foi constituída pelos autores do Círculo de Viena, como Rudolf Carnap, Hans Reichenbach, Carl Hempel, que, ao contrário, tiveram um impacto incrível no continente americano, dando início à filosofia analítica. Seria possível que o sucesso deles tenha sido determinado justamente pelo fato de que não eram intelectuais, mas estudiosos?

Não sei se é a única causa provável, mas é certamente uma das principais. Em primeiro lugar, um americano se pergunta: a que profissão pertenço? O intelectual não é considerado uma profissão. Hannah Arendt foi imediatamente muito admirada, pelo menos desde a publicação das *Origens do totalitarismo*. Mas jamais foi tomada como modelo de como deveria ser um professor americano. Muitos refugiados europeus impuseram uma idéia da vida intelectual que os americanos não conseguiram transpor para a sua vida, por mais que tivessem realmente aprendido com ela. A América tinha salvado a vida da classe intelectual européia e isso tornava os seus modelos frágeis aos nossos olhos. O que um cidadão da República de Weimar desejaria ser? E se também quisesse, que preço estaria disposto a pagar? Dito isso, permanece aberta a pergunta: por que a democracia americana, tão segura dos seus fundamentos, não favorece a proliferação de uma vida intelectual? Esse é o dilema perene dos pensadores e dos escritores americanos, que não conseguem identificar-se com uma profissão. Se depois conseguem, não há mais razão para fazer a pergunta.

E a filosofia, como se coloca diante da definição profissional de uma disciplina?

Em filosofia, uma maneira de resolver esse dilema é tornar-se um filósofo analítico, adotando aquela única bagagem técnica à qual é reconhecida uma "legitimidade profissional" e abandonando qualquer visão histórica das problemáticas filosóficas. Sob certos aspectos, antes dos filósofos analíticos, Dewey também procurou desmantelar a história da filosofia não a enfrentando. Em vez de descobrir que a filosofia decorre do conflito entre as diversas necessidades espirituais, identifica-se a sua origem no pântano social. Mas o problema não é estabelecer qual dos dois é mais redutivo, mas antes refletir sobre as coisas a que foi reduzido o discurso filosófico. Porque uma coisa é reduzir as aspirações culturais à libido, outra coisa é reduzir ao conflito de classes, e outra ainda é reduzir a uma radical insatisfação ou insaciabilidade do espírito. Para mim, o pântano social subentende apenas mau comportamento.

Nesta chave, a imposição do tecnicismo lógico exasperado poderia ser o signo de uma fundamental insegurança da cultura americana em relação ao seu significado?

Aos olhos americanos, a tecnicidade aparece como um signo de profissionalismo que justifica alguém aos olhos do vizinho. Depois também existe sempre a idéia de colaborar para a construção de um bem social. Dewey tentou juntar as duas coisas, imaginando um modo de tornar "criativo" o pensamento, para os objetivos da América – embora ele dissesse "prático", o significado é esse. Particularmente, não contesto que seja uma operação de grande valor. Mas será que o sucesso seria o mesmo se tivesse tentado tornar orgânica a este seu discurso a história da filosofia que leva a Frankfurt? A minha resposta é não. Mesmo que Dewey tenha começado como hegeliano, o Hegel de Dewey consiste em identificar um caminho intermediário entre dois extremos. Não se trata de um caminho intermediário que se interroga sobre as possibilidades de saída de um impasse espiritual, que tematiza a negação recíproca dos dois extremos. Em Dewey não há tortura espiritual.

Nos últimos vinte anos, com o declínio do pragmatismo e durante o apogeu da filosofia analítica, o campo disciplinar da filosofia restringiu-se a uma reflexão, de cunho lógico-epistemológico, excluindo completamente toda aquela tradição "continental" do século XX, que vai desde o historicismo, passando pela fenomenologia até o existencialismo.

O problema, no fundo, é sempre a América. Quais são as condições de sobrevivência de uma disciplina, em semelhante isolamento radical? Simples: preços intelectuais altíssimos e virtudes intelectuais altíssimas. O preço é a profissionalização, a virtude é o profissionalismo, conhecer realmente um campo delimitado, desde os seus meandros mais remotos. O progresso e a responsabilidade fazem parte das virtudes. E também identificar-se até o fundo com o papel de professor, fazer-se compreender pelos próprios colegas-concidadãos. O americano precisa ter uma resposta sobre por que fazer determinada coisa. E a resposta não pode ser: porque sou um intelectual ou um artista. Quando Howard Hawks foi descoberto pelas universidades americanas teve que fingir que era um caubói para fazer-se compreender. Não podia deixar saber que tinha por trás de si uma ótima formação artística, não o teriam aceitado.

Nesse sentido, o senhor se considera mais um escritor ou um filósofo?

Não há dúvida de que a minha motivação para a cultura, desde quando me recordo, foi a escrita. Até na música eu queria escrever. Quando me afastei da música e me liguei à filosofia não foi por insatisfação em relação às coisas que eu escrevia, mas pelo desejo de dizê-las melhor, numa forma em que pudesse crer. O que me fez mudar de caminho foi então mais uma vez a escrita, por intermédio de Freud, que me chegou pela *Partisan Review*, e da literatura americana do século XIX.

Mas o senhor considera Freud realmente um filósofo?

Esse é o problema. No panorama americano atual, o último lugar para o qual deveria olhar para aprender a escrever, incluindo aqui as próprias palavras, a própria voz, é a filosofia. Não há disciplina no mundo que se oponha programaticamente à escrita tanto quanto a filosofia analítica. Desde o início, interpretei essa oposição como recusa da voz humana. E foi justamente a idéia da supressão da voz humana a minha chave de ingresso na filosofia. Dediquei meu primeiro ensaio a esse tema. Paradoxalmente, porém, parecia-me que nenhuma outra direção, a não ser a analítica, poderia ser uma promessa. O desejo de atribuir significado a cada signo na página, que é uma prerrogativa minha, foi colocado pela primeira vez pela filosofia analítica. Mas depois não conseguiu aparecer na sua escrita. Como obter ambas as coisas?

Não houve um momento em que o senhor pensou que os dois aspectos fossem inconciliáveis e que deveria abandonar também a filosofia?

O problema é que não existe nenhum outro lugar para onde ir, além da filosofia. Pode-se imigrar para a América, de qualquer parte do mundo, mas não se pode emigrar da América sem permanecer emigrante por toda a vida. Meu pai já era um emigrante, que não falava língua nenhuma. De origem era judeu polonês: o polonês ele esqueceu, o ídiche estava bloqueado, o inglês ele falava de maneira muito incorreta. Também por isso, creio eu, Austin foi importante para mim, pela importância que atribuiu ao *ordinary*, à naturalidade. Sempre fui fascinado por indagar a naturalidade da linguagem, talvez porque era justamente aquilo que meu pai não tinha, sendo um emigrante. E cito Austin porque, quando começou a vir freqüentemente a Harvard, ele me convenceu de que eu não devia abandonar a filosofia. Fui premiado por isso, mas não bastou para convencer-me de que eu estava realmente praticando uma escrita filosófica. Eu sentia que era toda uma imitação.

Que sentimento de desorientação e de desilusão nesse relato dos seus inícios...

Sim, toda a minha primeira experiência de intelectual foi uma desilusão. Eu queria ser escritor, mas a última coisa que eu podia declarar, em filosofia, era essa minha vontade. Só em anos muito recentes isso mudou um pouco. Por outro lado, quem é um escritor americano? Existem três possibilidades: alguém que vive do que escreve, e são poucos. Um poeta, e os poetas são uma comunidade constituída. Escrevem uns para os outros e cada um sabe da atividade do outro. Ou então um professor de Literatura, mas isso não tinha nada a ver com as minhas ambições.

Voltando a Austin. Quando o senhor o conheceu?

Em 1955, quando vim a Harvard para as William James Lectures, que foram posteriormente publicadas no livro *Quando dizer é fazer*. Dei até um seminário sobre o mesmo tema, que depois se revelou como a sua teoria dos atos lingüísticos (*speech act theory*). Foi como se uma tonelada de tijolos, um muro inteiro tivesse caído sobre mim. Joguei fora minha tese de doutorado, que já estava pela metade, e comecei uma longa série de conversações com ele, durante os meses em que residi em Harvard.

A porta da casa dele, aqui no Harvard Yard, estava sempre aberta. Austin tinha sido orientador em Oxford e estava habituado a passar horas com os estudantes e a falar das suas inquietações. Toda vez que eu ia encontrá-lo, ele estava só e falávamos durante um tempo indefinido. Aquele período foi a primeira vez na minha vida que deixei de perguntar-me quanto a filosofia era essencial para mim e comecei a pensar que talvez eu tivesse algo a dizer à filosofia. Nas conversações com Austin, confirmou-se para mim a idéia de que, qualquer significado que atribuísse à escrita, deveria ser filosofia, chamar-se filosofia. E é uma pergunta que me faço atualmente: no fim não me restou outra coisa senão fazer com estes tormentos uma profissão.

Muitas vezes o amor por Austin é acompanhado da paixão por Wittgenstein...

Nunca tive a oportunidade de encontrar Wittgenstein. Procurei lê-lo pela primeira vez em 1953, quando foram traduzidas e publicadas as *Investigações filosóficas* em inglês. Mas me deixou frio. Soava como um John Dewey privado de sistematização. As *Investigações* dedicam muito espaço à noção de "contexto", de *absence of privacy*, são indiferentes a qualquer idéia de "pertinência social". Foi depois de ter encontrado Austin, depois de ter-me deixado absorver completamente por ele e ter publicado meu primeiro livro, *Must we Mean What we Say?*, só então é que reavaliei Wittgenstein. Reli as *Investigações* como tinha lido as conferências de Freud sobre a psicanálise. Como aconteceu quando li Freud pela primeira vez, tive a impressão de que o homem que escreveu aquelas coisas me conhecia.

Se tivesse que pensar num mestre, o senhor então o reconheceria em Austin ou em Wittgenstein?

Quando reli Wittgenstein, estava num momento difícil com Austin. Eu achava frustrante que Austin, no fim, também recusasse a filosofia. Ou melhor, recusasse a filosofia de maneira não filosófica. Quando era colocado em dificuldades, recordo que se defendia dizendo: a importância não é importante; importante é apenas a verdade. Então, eu lhe respondia dizendo: não, "você" está falando da importância. É você que se está perguntando qual é a importância de dizer determinada coisa. E Austin, colocado contra a parede, respondia gesticulando, recusando levar adiante o confronto filosófico. Wittgenstein aceita fazê-lo "de maneira filosófica". O maior resultado das *Investigações* é que a filosofia recusa a filosofia.

No panorama dos pensadores americanos contemporâneos, o senhor é talvez o único que atribui um papel filosófico a Emerson e ao grupo dos transcendentalistas de meados do século XIX. Como chegou a Emerson? Qual a relação entre Emerson e o eixo Austin-Wittgenstein?

Enquanto Austin e Wittgenstein já foram "digeridos", Emerson ainda não. Por isso, tudo o que posso dizer sobre Emerson é Emerson. Posso porém procurar reconstruir o itinerário que me levou a Emerson, que teve como etapa fundamental Thoreau, a primeira descoberta completa, em solo americano, da "voz filosófica". A história começa com a minha decisão de indicar Thoreau, e não Emerson, a um grupo de europeus em visita junto ao Seminário Americano, uma instituição inventada por Henry Kissinger nos inícios dos anos 70. Eu me ocupava da seção dedicada às *humanities*, que era realmente minoritária: ao todo uma dezena de pessoas. Aos poucos artistas, literatos e filósofos que participavam eu não tinha nada a ensinar, e me limitei a propor um tema de discussão. Longe de casa, todos nos sentíamos de volta ao *college*, estávamos tomados por uma regressão adolescente: irresponsáveis, mas mais flexíveis. Propus *Walden* juntamente com alguns dos maiores textos da literatura americana dos anos 1800 e 1900. Pensei que pelo menos se divertiriam.

Walden é um texto-chave do currículo escolar americano. Talvez para o senhor também fosse uma regressão à adolescência...

De fato, fazia vinte anos que eu não lia Thoreau. Mas quando o retomei nas mãos foi como se, mais uma vez depois de Freud e Wittgenstein, um muro inteiro de tijolos caísse sobre mim. Tudo aquilo que eu tinha feito e pensado até então parecia estar se fragmentando em mil pedaços. Daquela "crise" nasceu o meu livro *The Senses of Walden*, no qual pela primeira vez consegui provar que na cultura americana escrita e pensamento são dimensões contemporâneas. *Walden*, a meu ver, é uma estranha combinação de Heidegger e Hölderlin. Ou melhor: é como se Thoreau, em *Walden*, tendo-se reencarnado em Hölderlin, reescrevesse um seu Heidegger e procurasse responder a eles, combinando o verbo de ambos. Quando perguntava aos meus colegas se por acaso tinham relido *Walden*, sorriam quase com ternura. *Walden?* Um belo livro, nada a dizer, mas difícil torná-lo parte de qualquer conversação, americana ou européia. No fundo, sempre foi considerado um livro para jovens, como foi considerada por muito tempo a literatura americana.

Se não me engano, isso acontecia nos anos 60, quando também o movimento estudantil tinha adotado Walden *de Thoreau como breviário da "resistência passiva" às instituições, como modelo de uma anarquia subversiva mas não violenta, como alternativa ecológica à civilização de consumo.*

Sim, não posso excluir que os anos 60 tiveram um papel na minha fascinação por Thoreau. Com efeito, a minha participação no Seminário Americano remonta justamente a 1968, um ano que não será esquecido pela história. Tende-se a colocar sempre Paris e o Maio francês no centro da atenção, mas 1968 foi um ano crucial também na América, com Martin Luther King e Robert Kennedy. No que diz respeito a Thoreau, a sintonia com o movimento dos estudantes não foi porém consciente; embora Martin Luther King e Mahatma Gandhi o citassem, eu já o tinha em mente há tempos. Quando propus a leitura de *Walden* no Seminário, eu já o tinha relido várias vezes. A razão que me aproximou de Thoreau é muito mais profunda e complicada do que uma sintonia com a época e se tornou um dos temas principais da minha reflexão.

Que relação o senhor estabeleceu, no início, entre Thoreau e Emerson?

No início, a leitura de Thoreau significou para mim a morte de Emerson: diante de Thoreau, não obstante todos os esforços, Emerson me parecia um buquê de flores murchas, sem música, ou com uma música que não me agradava, que não era profundamente minha. O que me levou de novo a Emerson foi o fato de que, na melhor tradição americana, ele me foi "atribuído" para ser discutido num congresso. Não obstante isso, continuo convicto de que jamais teria aceitado falar dele se um processo de silenciosa reabilitação já não estivesse em curso dentro de mim.

Que papel assumia a reflexão européia na sua paixão pelo transcendentalismo? No fundo, Emerson sobretudo foi um autor profundamente amado na Europa, e como filósofo talvez mais na Europa do que na América. Basta pensar em Nietzsche...

Esse vínculo entre Emerson e Nietzsche sempre foi muito importante para mim. Eu chegaria até a dizer que o meu reencontrado amor por Emerson foi instigado pela admiração por Nietzsche, leitor de Emerson. Um dia, no final dos anos 70, encontramo-nos num congresso eu, o crítico literário Harold Bloom e o escritor William Gass. O autor que era "atribuído" aos vários palestrantes era justamente Emerson. Quando me propuseram, eu não soube dizer não, e, como sempre em minha vida, comecei a perguntar por que tinha aceitado, que razão inconsciente me tinha impedido de recusar. Foi justamente então que emergiu o vínculo entre Emerson e Nietzsche, que me levou à reaproximação com Emerson.

Tratou-se então de uma aproximação por espirais hermenêuticas.

Em certo sentido, sim. Mas mais uma vez, como americano, não me interroguei sobre o significado desses círculos: por que razão Nietzsche tornava Emerson legível, pensável. Sobretudo perguntei-me: o que existe em Emerson que inspirou o amor de Nietzsche, que lhe permitiu "ser" Nietzsche? O vínculo entre Nietzsche e Emerson é uma obviedade histórica. Mas a sua magia não está na evidência. Até que não se comece a sentir a música dos dois pensamentos nos próprios ouvidos, a gente esquece. É preciso chegar a perceber a diferença que intercorre entre uma frase de Emerson e a sua transfiguração na reescrita de Nietzsche. Relendo a terceira *Considerações extemporâneas,* e até mesmo partes da *Genealogia da moral* de Nietzsche, sente-se respirar Emerson. Certamente que é uma transcrição, mas é como na música. A orquestração de Schönberg ainda é a de Brahms, mesmo permanecendo Schönberg, mesmo não soando como nenhuma outra, muito menos como Brahms. Reconhecem-se as vozes, mas a composição é mágica e irreproduzível. *Genealogia da moral* começa dizendo: onde encontramos a nós mesmos, se jamais nos procuramos? E a frase com que Emerson abre o ensaio sobre experiência diz: onde encontramos a nós mesmos? Creio que a resposta à pergunta de Emerson está na pergunta de Nietzsche: como podemos encontrar a nós mesmos, se jamais nos procuramos? Do ponto de vista filosófico, não me importa absolutamente se Nietzsche sabia ou não que estava respondendo à pergunta de Emerson.

Em tudo isso, não falamos do vínculo Thoreau-Emerson.

Trata-se, de certo modo, da mesma empatia. Thoreau diz: eu sou um antigo filósofo egípcio e hindu. Sou realmente. Hoje dizemos que a filosofia é trans-histórica, que significa que ela se transfigura no curso da história em variadas formas de pensamento. Sendo americano, isso é permitido. É o mito da sociedade sem classes. Jamais se sabe a quem pertencem os rostos. Poderia tratar-se do imperador, mas também do açougueiro, como numa visão felliniana.

Sua atenção não cessa um segundo de tocar na América, no americanismo e na cultura americana. Isso representa certamente a sua excentricidade no panorama da filosofia transatlântica, na qual não se reconhece uma linha de continuidade histórica distintamente americana. Qual foi o ponto de partida de toda esta sua interrogação, quase uma psicanálise em que a cena familiar se dissolve na história e no mito do Novo Continente?

Minha história familiar jamais foi atingida pelos problemas da emigração intelectual porque meu pai era iletrado. O fato de não possuir o uso natural de uma língua não o privou de alguma perspectiva intelectual, mas apenas o sobrecarregou de dificuldades práticas ulteriores. O discurso é diferente para minha mãe, que era uma pianista concertista. Sempre tive curiosidade de saber como os dois se encontraram: meu pai já não tinha uma língua natural e minha mãe tinha um ouvido absoluto. Revi esta

Apologia do ceticismo

síntese de contrários pela primeira vez em Austin, que era obcecado pela exploração das línguas naturais mediante a irreflexa espontaneidade de um ouvido absoluto. E repensando, foi justamente Austin que me introduziu pela primeira vez neste êxtase, que percebi imediatamente como magia da escrita. Aquele tipo de escrita que Emerson levou a sublimes conseqüências. Cada frase emersoniana é sempre um problema: está interconectada com as outras? Qual é a primeira? Qual é a seqüência? Não há resposta, porque cada uma representa um universo, uma indagação da língua à qual a frase pertence naturalmente. Existem muitas línguas, mas o tecido a que a frase pertence só pode ser investigado por meio de um ouvido absoluto. Essa é a minha fantasia, o mito da escrita em que acredito. Tanto Frege como Wittgenstein admitiram que só se pode compreender uma frase no contexto de uma língua. Mas o problema permanece: que língua? Que frase?

A idéia do ouvido perfeito, aliada a um senso primitivo da naturalidade e livre de qualquer contextualidade cultural, está de algum modo ligada à sua releitura do ceticismo?

O ceticismo, em filosofia, é a negação da necessidade de ouvir, a recusa do ouvido e da voz. Estar insatisfeito com a perfeição é uma coisa, mas negar a perfeição que é concedida ao ouvido humano é outra, e é isso que Wittgenstein chama "sublimação" da nossa língua, usando sublime justamente no significado kantiano do termo. É como se estivéssemos sobre o gelo, diz ele: por um lado, a superfície lisa condiciona nossa perfeição, por outro, nos impede de caminhar. Nisso consiste aquela humanidade que o ceticismo recusa, levando avante uma busca do inumano. O ceticismo procura uma perfeição que o ouvido humano não pode ouvir. O ceticismo é a negação do dever de ouvir. Para o cético o som ocorre no momento da sua produção, nem antes nem depois do seu evento. O sistema se completa por si mesmo.

A filosofia americana

O senhor julga que se possa estabelecer uma relação entre isso que está dizendo sobre a experiência da imperfeição e as experimentações perceptivas de algumas vanguardas artísticas do século XX?

Nas vanguardas, o elemento de ruptura exprime o vínculo da obra com o passado. E é por isso que a obra emerge ao mesmo tempo como incorporação e recusa do passado. Encontrei essa dupla tendência na música e depois também no teatro e na pintura. Eu diria o mesmo da literatura, se não fosse um americano. A destruição do romance através do romance, na América, já tinha acontecido. Mas todo o senso do tempo é diferente deste lado do Atlântico. Emerson é do início dos anos 30: na América não tinha havido Kant e tampouco Hegel, a filosofia ainda não tinha começado. Thoreau se diplomava em 1847. O que significa 1848? Uma época de grandes revoluções ou o momento em que Thoreau se preparava pela primeira vez para procurar trabalho? A verdadeira revolução americana ocorre nos anos 60: porque a guerra civil foi a verdadeira e única revolução americana.

O senhor diz que a destruição do romance através do romance já tinha ocorrido na América. Mas quando?

Com *Moby Dick* e *O homem de confiança* de Herman Melville.

O senhor diria o mesmo da música?

A minha formação ocorreu quando ainda estava viva a querela Schönberg *versus* Stravinsky, lançada por Adorno. Então os compositores, antes mesmo de conseguir escrever uma nota, deviam posicionar-se em relação a esses dois pólos e escrever teorias inteiras, como se as teorias viessem em primeiro lugar. Era difícil encontrar pontos de referência naquela época.

O que dizer de compositores como John Cage? O senhor pensa que ele também sentia a necessidade de posicionar-se teoricamente antes de escrever?

Certamente. Depois também Eliot Carter, Milton Babbit. Mas eu estou fora do mundo musical há muito tempo. Permaneci como um turista da música e é o preço que paguei por ter-me dedicado à escrita.

O senhor é originário da Geórgia e, após um breve período em Nova York, viveu sempre aqui na Nova Inglaterra, a dois passos de onde Emerson, Thoreau e o grupo dos transcendentalistas escreveram suas teorias. É um acaso ou uma escolha?

Não tenho dúvidas sobre isso: é uma escolha. Se tivesse permanecido em Nova York jamais teria escrito os livros que queria escrever. Nova York é a metrópole da *performance*, da arte e da escrita entendidas como *performance*. Eu não busco a *performance* e, por isso, no fundo, embora seja uma cidade que eu amo, jamais escolheria passar a minha vida em Nova York. Para um americano, viver e trabalhar na Nova Inglaterra é como respirar no coração da história. Emerson escreveu o seu *Divinity School Address* [*Comunicação da Escola de Teologia*] a dois quarteirões daqui, Henry James foi à escola na esquina desta rua. Na Europa tudo se dispersa. Não existe fetichismo dos lugares. Mas na América esses ainda são eventos incríveis... Não se pode pensar a América sem ter uma teoria da América, e estes fios de Ariadne são a minha teoria da América. A razão pela qual eu continuo voltando aqui é a dificuldade de amizade intelectual neste país. Três semanas depois da publicação de *Moby Dick*, Melville e Hawthorne precisaram caminhar um dia inteiro para que Hawthorne dissesse a Melville que admirava o seu livro. E nesse ponto Melville desfez-se em lágrimas. Naturalmente, trata-se apenas de uma anedota, que é significativa para explicar como a escrita, na América, é difícil de ser colocada como fato público, como atividade. Na Europa, na França e na Itália são a língua e a cultura que, em certo sentido, escrevem os seus primeiros três livros.

O senhor tem uma formação judaica elaborada com profunda consciência. A tradição judaica, como a européia, com a sua ênfase sobre a escrita, propõe um conceito "herdado" de cultura. De que modo o senhor concilia esse senso da tradição com a sua experiência "de americano", com o seu amor pela contingência, pelo cotidiano, pelo ordinary, *como definiram Wittgenstein e Austin?*

Com efeito, ninguém jamais me fez essa pergunta, que é vastíssima. Instintivamente, respondo dizendo que o *ordinary* traz consigo três dimensões: um pólo de negatividade filosófica, no sentido de que, pondo a língua no seu aspecto cotidiano, recusa a especificidade de um vocabulário técnico. Uma potencialidade política, no sentido de que não desloca a necessidade de uma justiça social no futuro. E, enfim, uma acentuação religiosa. Por esses três aspectos chamo Emerson um "filósofo do *ordinary*". À sua pergunta respondo: é como se me perguntasse o que é mais importante em Cristo, o fato de ser transcendente ou de ser humano. Cito a figura de Cristo porque Kierkegaard foi para mim mais fundamental do que nenhum outro, no que diz respeito ao meu interesse pela esfera do *ordinary*. Em *Temor e tremor*, lembro a ênfase sobre o sublime visto na sua permanência no cotidiano.

Eu o interroguei sobre sua condição de judeu e o senhor me responde falando de Cristo e de Kiekegaard...

Nesse ponto, acredito em Martin Buber, que diz que para ser judeu não há necessidade de converter-se, enquanto para se tornar cristão, sim. A figura de Cristo é uma obsessão para o intelectual judeu, pelo simples fato de que o próprio Jesus era judeu. Eu fui a Jerusalém há três anos pela primeira vez e não tenho uma idéia clara do que significa a vida cotidiana judaica, para além do aspecto religioso e de viver fisicamente em Israel. É uma forma de nostalgia? De piedade? De outro ponto de vista, creio que Thoreau compilou uma verdadeira e própria escrita, que é o Novo e o Antigo Testamento ao mesmo tempo, e que Emerson é o verdadeiro e mais profundo "filósofo da emigração"...

De Cristo de novo a Emerson...

Sim, porque Emerson é o único pensador que contradiz o desejo de luta de Heidegger dizendo: é preciso partir, ir embora. O abandono é a primeira porta: abandonam-se as palavras escritas, a casa em que se mora, o pai, a mãe, os irmãos. Quando o reino dos céus nos chama é preciso partir. Mas o que é o reino dos céus para Emerson? Certamente é a escrita, que por sua vez ele está disposto a abandonar só pelo pensamento. Nesse sentido, sou judeu, como são também Thoreau e Emerson. Ou pelo menos gostaria de tornar-me judeu.

Nietzsche ou Aristóteles?

Alasdair MacIntyre

Suspenso entre as reminiscências de um passado de raízes antiqüíssimas, que afundam no mundo escocês de tradição céltica, e a perspectiva do pluralismo planetário americano, Alasdair MacIntyre enriqueceu o debate moral do Novo Continente com uma dimensão inédita. Seu discurso, de fato, movendo-se com uma agilidade totalmente nova entre as malhas do historicismo, aponta para a circunscrição de um horizonte neotomista, entendido não como momento de refundação categorial, mas, ao contrário, como ponto de chegada da "ética das virtudes", uma linha de reflexão secular que percorre toda a Grécia clássica e atinge plena sistematização no pensamento de Aristóteles.

Nascido em Glasgow, na Escócia, em 1929, para pôr ordem entre o cadinho de tradições em que se achava confinado, MacIntyre precisou aguardar a imersão na *melting pot* americana, ocorrida aos quarenta anos, em 1969. Classicista reeducado pela filosofia analítica, estes primeiros quarenta anos foram empregados para desembaraçar um novelo intelectual emaranhado por uma herança liberalista de modelo anglo-saxônico, por uma crença marxista autodeterminada, e enfim por uma urgência cristã, em várias ocasiões renegada e reabilitada, como testemunha o recente volume *Marxism and Christianity* [*Marxismo e cristianismo*], de 1982. O confronto com a filosofia analítica foi o que deixou menos traços no horizonte de pensamento de MacIntyre. Dessa tradição, para a qual a Inglaterra contribuiu com a "filosofia da linguagem comum", iniciada por John Austin e Ludwig Wittgenstein e continuada pelos autores da Escola de Oxford-Cambridge, ele critica a limitação temática, a focalização no detalhe lógico e sobretudo a separação sistemática entre método e perspectiva histórica.

Justamente a esse respeito, o encontro com o marxismo representou por sua vez uma virada crucial, que acompanhou o filósofo escocês durante a sua solitária travessia atlântica. Foi de fato o marxismo que resolveu uma das suas primeiras inquietações, ligada àquela espécie de "inatismo" que o mundo anglo-saxônico tende a atribuir ao pensamento liberalista. Através da lente do historicismo marxista, o liberalismo revelou-se a MacIntyre na sua "projetualidade ideológica", baseada no empobrecimento da "comunidade" tradicional, e por conseguinte na progressiva dissolução dos vínculos humanos e da rede de relações culturais e sociais.

Da historicização do liberalismo ao repensamento global do projeto iluminista foi apenas um passo. Originariamente iniciada em 1966 com *A Brief History of Ethics* [*Uma breve história da ética*], esta nova fase do seu pensamento prosseguiu com a publicação do ensaio de teoria moral *Depois da virtude* de 1981, saudado por um vastíssimo sucesso internacional.

Em contraste com o universalismo dos compromissos morais, do qual se nutria o racionalismo iluminista, a pluralidade das teses florescidas na época pós-iluminista – kantianas, utilitaristas, contratualistas – revela a falência fundamental da estética da *Aufklärung*. Uma derrota que projeta os seus efeitos no século XX, incapaz de recorrer a qualquer código moral. Tendo negado raiz histórica e contextualidade social à moralidade, de fato, joga sobre as costas do Iluminismo o ônus de ter empurrado para Nietzsche a cultura ocidental da modernidade, ou para a recusa sistemática da moralidade, expressa nos seus extremos ápices de gênio e de niilismo.

Mas quais são as razões da falência irreparável do projeto iluminista? Segundo MacIntyre, elas devem ser atribuídas ao malentendido que, bem antes do Iluminismo, a cultura tardo-renascentista e barroca perpetrou em relação à tradição grega "das virtudes", nascida durante a transição das mais antigas formas de comunidade para a pólis ateniense do século V.

Tal tradição, que tem em Sócrates, Platão e sobretudo Aristóteles os seus pontos de referência principais, de tempos em tempos enquadra a moralidade num contexto histórico, ou seja, no uso e na dinâmica da comunicação no interior de uma determinada comunidade. A virtude não é uma categoria universal e meta-histórica, mas um valor plural e compartilhado.

A linha de pensamento clássico retomada por MacIntyre define o conceito plural de virtude segundo pelo menos três significados. Em primeiro lugar, as virtudes representam qualidades da mente e do caráter, às quais está ligado o sucesso de uma série de atividades tipicamente humanas como a arte, a ciência e a agricultura. Em segundo lugar, sem as virtudes, é vedado ao indivíduo o alcance de uma vida "ordenada". E em terceiro lugar, graças somente a esses modelos de excelência moral lhe é concedido colaborar para o bem último: a construção do bem público.

Articulada por Aristóteles numa inigualável rede de vínculos políticos e metafísicos, que MacIntyre aprofunda nos seus dois livros mais recentes, *Justiça de quem? Qual racionalidade?* de 1988 e *Three Rival Versions of Moral Equity: Encyclopaedia, Genealogy and Tradition* [*Três versões opostas de eqüidade moral: Enciclopédia, genealogia e tradição*] de 1990, a tradição das virtudes sobrevive naquela linha de pensamento tomista que, graças também à contribuição existencialmente densa do subjetivismo agostiniano, desemboca na obra de Santo Tomás de Aquino.

À pergunta: "Nietzsche ou Aristóteles?" que em 1981 concluía *Depois da virtude*, a resposta hoje é desde logo clara: Aristóteles. Esclarecendo porém que, depois do antigo peripatético e de Santo Tomás, MacIntyre faz seguir, na história do Ocidente, também outros dois imprevisíveis discípulos: o mestre do historicismo mediterrâneo, Giambattista Vico, e a mais recente voz do neo-historicismo atlântico, Robin George Collingwood.

O senhor é não apenas um dos últimos filósofos europeus que deixaram o Velho Mundo pelo Novo, mas também um dos mais enigmáticos, porque na base dessa escolha não existem questões raciais nem políticas. Se tivesse que descrever, em duas palavras, a bagagem cultural e existencial que trouxe consigo naquela primeira travessia, o que o senhor incluiria?

Certamente procuraria dar destaque a duas realidades, reciprocamente antagônicas, que determinaram a minha formação muito antes que eu tivesse condições de ler textos de filosofia. O meu imaginário infantil nutriu-se sobretudo de uma cultura oral céltica, patrimônio de agricultores e pescadores, poetas e trovadores, cultura em larga medida já perdida, mas à qual alguns anciãos com quem entrei em contato ainda sentiam pertencer. Os fatos importantes dessa cultura eram algumas formas de lealdade e o vínculo com os parentes e com a terra. Ser justo significava exercer o papel a que cada um era destinado pela comunidade local. A identidade de cada um derivava do lugar que o indivíduo ocupava na comunidade, nos conflitos e nas discussões causadas pelas suas ações incorretas, que, no tempo da minha infância, já eram definidas como história pessoal. O conceito que se formava dele coincidia com as histórias que se conseguiam contar sobre ele. Em contraposição a tudo isso, foi-me ensinado que aprender a falar ou a escrever em celta era um passatempo inútil e antiquado, uma perda de tempo para uma pessoa como eu, cuja educação era orientada para entrar na vida burguesa do nosso mundo moderno.

Quais foram as suas percepções do "mundo moderno", durante uma juventude transcorrida nesse contraste de realidades culturais?

O mundo moderno era uma cultura de teorias e não de histórias. Era a moldura daquilo que se queria fazer aparecer como a "moralidade" como tal; os seus direitos sobre nós não eram os de um grupo social particular, mas os da humanidade universal e racional. Minha mente era ocupada de um lado por histórias sobre St. Columba, Brian Boru e Ian Lom, e de outro por idéias absolutamente abstratas, que, embora ainda não suspeitasse, eram derivadas dos liberalismos de Kant e Stuart Mill.

Foi a filosofia que lhe sugeriu a via para reconciliar esses mundos contrastantes?

A filosofia me persuadiu da importância de não possuir opiniões contraditórias e isso aconteceu lendo Platão e a prova lançada por Thomas de Erfurt, depois redescoberta pelo pragmatista Clarence I. Lewis, segundo a qual, quando afirmamos uma contradição, estamos habilitados a afirmar qualquer coisa, não importa o que seja. Nesse sentido, qualquer contradição dentro do sistema de crenças de cada um é um verdadeiro desastre. À medida que me dava conta da importância da coerência nas opiniões, paradoxalmente a incoerência do meu raciocínio crescia em vez de diminuir. Até a conclusão do *college* estudei letras clássicas, e não só me resultou clara a diferença radical entre a cultura grega clássica e a modernidade liberalista, mas também entre a cultura da Grécia clássica e a da tradição irlandesa.

Quais foram, naquele momento da sua formação, as suas figuras-guia?

Comecei a ler os livros de George Thomson, um professor de grego primeiro em Galway e depois em Birmingham, que foi também membro do Comitê Central do Partido Comunista britânico, e que teve, creio eu, um papel importante na minha juvenil inscrição no Partido. Em 1941, ele publicou "Aeschylus and Athens" ["Ésquilo e Atenas"], que acompanhava uma história da filosofia grega até Platão em irlandês intitulada *Tosnù na Feallsùnachta*, e a tradução de alguns diálogos platônicos em irlandês. Foi pensando nos problemas da tradução, surgidos ao apresentar a filosofia grega em línguas modernas muito diferentes entre si, como o inglês e o irlandês, que eu tive um primeiro vislumbre sobre duas verdades: que línguas diferentes, usadas por sociedades diferentes, podem exprimir esquemas conceituais antagônicos, e que portanto a tradução de uma para a outra nem sempre é possível. Existem culturas e línguas em uso que só podem ser faladas aprendendo a vivê-las como uma língua materna. E existem teorias, enquadradas em diferentes línguas em uso, de cuja incomensurabilidade nasce uma relativa intraduzibilidade. Na época não me dava conta de que esses mesmos pensamentos chegariam a uma elaboração mais completa trinta anos depois, como no ensaio *Justiça de quem? Qual racionalidade?* de 1988.

Pela maneira como o senhor fala deles, dir-se-ia que se trata de "vislumbres hermenêuticos"; de intuições relativas à incomensurabilidade e intraduzibilidade da linguagem, ligadas à tradição continental que do romantismo alemão chega a Heidegger e Gadamer.

Sim, é verdade, embora na época eu não soubesse nada de hermenêutica. A leitura dos textos exigidos pelo meu currículo de estudos até o doutorado nada mais fazia do que acentuar a incoerência das minhas convicções. Li Santo Tomás e Aristóteles e comecei a pensar na justiça às vezes em termos aristotélicos, às vezes em termos tomistas e às vezes segundo o liberalismo moderno. Ainda não conseguia reconhecer a plena extensão das minhas incoerências. Daí foi um passo previsível dar-me conta de que agora se tornava cada vez mais difícil encontrar fundamentos racionais para a minha fé cristã, que me parecia cada vez mais arbitrária.

Em que termos a fé cristã foi o elemento de ruptura de todas as suas contradições?

Durante um período, procurei fazer de modo que não o fosse, "protegendo" o terreno da fé e da prática religiosa do resto da minha existência. Eu a tratava como uma forma de vida *sui generis*, mesclando uma interpretação peculiar do conceito de "forma de vida" lançado por Wittgenstein e a teologia de Karl Barth. Mas logo me dei conta de que as reivindicações implícitas no uso da linguagem e da prática religiosas são inseparáveis de uma série de subentendidos metafísicos, científicos e morais: reflexão que me foi inspirada pelas críticas de Hans Urs von Balthasar a Barth. Quando cheguei a refutar a estranha mistura filosófica de um Wittgenstein mal compreendido e de um Barth tomado muito ao pé da letra, erroneamente refutei também a religião cristã. Todavia, parcelas de tomismo sobreviveram no meu pensamento juntamente com algumas reflexões mais ponderadas sobre Wittgenstein.

As narrativas de sua formação são embebidas de uma profunda inquietação existencial. Não me ficou claro o quanto ela foi alimentada pelo atrito entre a antiga tradição narrativa celta e a moderna tradição utilitarista de matriz anglo-saxônica, ou antes pela imponente presença religiosa.

Quando olho para trás, vejo a progressão do meu pensamento como um ajuste trabalhoso de fragmentos e durante anos essa visão me perturbou. Mas lentamente elaborei uma reconciliação.

O aprofundamento da história da física entre os séculos XIX e XX e os problemas de incoerência fundamental que Maxwell e Boltzmann tiveram que resignar-se a não saber resolver convenceram-me de que o enquadramento juvenil numa moldura de pensamento, com o fim único de atingir a coerência, pode levar à recusa de verdades importantes. Com tudo isso, lembro-me de ter amadurecido dentro de uma dolorosa inquietação, derivada da tentativa de conciliar toda uma multiplicidade de mundos culturais.

Imagino que essa situação de desorientação foi posteriormente piorada pela emergência do marxismo, a cuja tradição o senhor esteve longo tempo ligado.

O marxismo veio acrescentar-se como ulterior dimensão de complexidade. Mas para mim representou também um ponto de virada. De fato, foi justamente refletindo o marxismo que comecei a resolver alguns conflitos em que me sentia envolvido. Embora as caracterizações fornecidas pelo marxismo sobre o capitalismo avançado sejam inadequadas, foi o marxismo que me convenceu da raiz ideológica do liberalismo, entendido como máscara mistificadora e automistificadora de certos interesses sociais. Em nome da liberdade, o liberalismo impõe uma forma de domínio silencioso que, no tempo, tende a dissolver os vínculos humanos tradicionais e a empobrecer a rede de relações culturais e sociais. Enquanto procuram impor-se por meio de regimes de poder baseados na idéia de que cada um é livre para perseguir qualquer objetivo que considere útil para si mesmo, os liberalistas privam a maioria dos homens da possibilidade de compreender a própria vida como procura e obtenção do bem. E isso sobretudo porque o liberalismo tende a desacreditar aquelas formas tradicionais de comunidade humana no interior das quais pode realmente exprimir-se o projeto de uma realização pessoal.

Nietzsche ou Aristóteles?

Sobre este ponto o senhor ainda é, se não um marxista, um materialista.

Não, porque se tivesse permanecido um marxista esta lição não me teria servido para nada. O marxismo é um instrumento de análise da sociedade completamente inadequado. Quando era estudante em Londres, encontrei o antropólogo Franz Steiner, que me orientou para uma compreensão da moralidade não sujeita ao reducionismo (a moralidade não é isolada dos princípios da prática social). Os princípios de uma moral são sempre os princípios de uma determinada prática social. Se existem formas opostas de prática social, a discordância só pode ser definida com base numa discussão racional entre princípios antagônicos e um choque entre estruturas sociais contrastantes.

O que dizer do papel do diálogo nessa discordância? Muitas vezes um dos erros do marxismo foi ressaltado na sua tendência a "canonizar" e esterilizar as formas do debate social.

Particularmente, da história do marxismo eu aprendi justamente como é importante, para cada teoria, ser formulada do modo mais aberto possível a toda refutação. Mais tarde compreendi que essa mesma lição eu poderia ter aprendido com alguns críticos do marxismo como Karl Popper ou com um mestre do pragmatismo como Charles Peirce. Se um ponto de vista não fornece ele próprio os instrumentos que demonstram que está em desacordo com a realidade das coisas, não se pode nem sequer demonstrar que ele esteja de acordo. E se não for assim, trata-se de um esquema de pensamento dentro do qual aqueles que nele crêem permanecem prisioneiros da própria realidade sobre a qual suas convicções tinham sido originariamente formuladas.

Até agora o senhor descreveu o desenvolvimento do seu pensamento em chave negativa, tentando percorrer de novo as linhas teóricas das quais se foi progressivamente separando. Qual foi o momento de virada rumo a pars construens da sua identidade de pensador? Será que foi a emigração para os Estados Unidos?

Durante os primeiros vinte anos da minha carreira filosófica, do início dos anos 50 até minha vinda para os Estados Unidos, a maioria das minhas reflexões era formulada no estilo da filosofia analítica. A força e a fraqueza do ponto de vista analítico derivam da sua exclusiva focalização num tratamento rigoroso do detalhe lógico, do qual deriva uma abordagem da filosofia muito gradual, de problema isolável a problema isolável. Os seus gêneros literários são o artigo na revista especializada e a breve monografia sobre um tema especifico.

Com efeito, o pensamento analítico nega às grandes interrogações uma legitimidade filosófica, operação que me parece, pelo menos a partir do seu livro Depois da virtude, *o senhor relança com grande coragem e determinação.*

O que a filosofia analítica ganha em clareza e rigor, ela perde ao fornecer respostas substanciais às grandes questões filosóficas. É bem verdade que ela nos ensina a articular algumas possibilidades conceituais. Mas enquanto consegue identificar, para cada uma das alternativas que restam, quais passagens devem ser seguidas em termos de pressupostos e conseqüências, não é capaz de produzir por si mesma nenhuma razão para afirmar uma coisa em vez de outra. Quando os filósofos analíticos chegam a conclusões substanciais, essas conclusões apenas em parte derivam da filosofia analítica. Existe sempre qualquer outra estratégia no fundo, às vezes oculta, às vezes explícita. Na filosofia moral é muitas vezes uma estratégia política de tipo liberalista.

O senhor julga ter o mais completo controle da rede "ideológica" que governa o seu pensamento?

Nietzsche ou Aristóteles?

Foi durante a última fase da minha militância analítica, por volta de meados dos anos 60, que me dei conta de estar elaborando uma estratégia nova de pensamento. Sobretudo me dei conta de uma segunda fraqueza da filosofia analítica, que residia na separação entre a metodologia das suas pesquisas e o estudo da história da filosofia, de modo que a própria filosofia analítica só podia ser compreendida se inserida num contexto histórico e portanto entendida como o produto inteligível de uma argumentação compartilhada. Decidi então escrever *A Short History of Ethics* [*Uma pequena história da Ética*], um livro de cujos erros aprendi muitíssimo.

Quais eram esses erros?

Sobretudo uma descontinuidade recorrente. Há uma resenha do debate grego sobre a ética, outra sobre o desenvolvimento do pensamento cristão e outra ainda sobre uma variedade de argumentações concorrentes e conclusões opostas que emergem da filosofia moral iluminista e pós-iluminista. Mas o que permanece de fora são as descontinuidades determinadas pelos pontos de transição de um para outro destes filões. Os conceitos-chave de tais transições são esclarecidos mas aparecem como meros fatos, não suficientemente examinados e nunca remontados às suas causas.

O erro foi então de não ter ressaltado o valor de certas descontinuidades ou coupures *epistemológicas no desenvolvimento histórico da filosofia moral. Um pressuposto que me parece em direta assonância com uma parte do debate contemporâneo presente nos dois lados do Atlântico, de Thomas S. Kuhn a Michel Foucault.*

Até então, o meu objetivo tinha sido apresentar cada fase da história da ética como expressão das prerrogativas morais racionais de um tipo específico de sociedade. Mas naquele livro decidi contrapor duas formas de moralidade: de um lado, a daqueles que a usam para testemunhar a sua pertença a determinado grupo social e, de outro lado, a daqueles que, justamente por meio dela, exprimem a sua individualidade ou diversidade social. Numa verdadeira moralidade são as regras que têm autoridade, não os indivíduos. A noção segundo a qual cada um escolhe para si a própria moral não tem sentido. Ao passo que tem sentido decidir pôr de lado a moralidade e procurar superá-la. Portanto, *A Short History of Ethics* deveria ser concluída dando a Nietzsche a última palavra, em lugar de deixá-lo no penúltimo capítulo.

Imagino que o senhor se refere ao Nietzsche maduro, autor de Além do bem e do mal *e herói da superação sistemática de todo valor, super-homem anárquico e individualista.*

Nietzsche ocupa essa posição na medida em que representa uma resposta definitiva às inconclusões e aos contrastes irreconciliáveis que constituíram o resultado das filosofias morais iluministas e pós-iluministas. O projeto central do Iluminismo consistiu em identificar um conjunto de regras morais, todas igualmente irrefutáveis por qualquer indivíduo racional. O projeto porém é falho, enquanto os seus heróis sustentaram pontos de vista em recíproco contraste. Kantianos contra utilitaristas, utilitaristas contra contratualistas: a teoria universalista por excelência transmitiu ao Ocidente um tal sentimento de derrota que o século XX achou-se privado de qualquer moralidade racional que pudesse dizer-se amplamente compartilhada. O que a cultura do século XX herdou do Iluminismo nada mais é do que um amálgama de fragmentos resultantes de comportamentos e teorias morais passadas. Do ponto de vista metodológico, hoje me é claro que *A Short History of Ethics* ainda não tinha bem presente o ensinamento de Robin Collingwood, segundo o qual a moralidade é um problema essencialmente histórico. Nesse sentido, a pesquisa

Nietzsche ou Aristóteles?

filosófica também, na ética como em toda parte, se não for tratada na perspectiva histórica, só pode fazer água por todos os lados.

O que significa dizer que a moralidade "é um problema essencialmente histórico"? Não é possível que por trás de Collingwood e Marx, lector in fabula, esteja escondido Giambattista Vico?

Vico nos recorda aquilo que o Iluminismo nos fez esquecer: ou seja, que a pesquisa racional, seja ela orientada para a moralidade ou para qualquer outro campo, permanece fatalmente radicada na pré-racionalidade do mito e da metáfora. Tal pesquisa não começa pelos princípios fundamentais cartesianos, mas antes de um ponto de partida contingente e histórico: uma espécie de "ocasião", que surpreende tanto a ponto de instigar toda uma série de interrogações, de solicitar respostas contrastantes e levar a argumentos contrários. Tais argumentações, quando se desenvolvem sistematicamente no tempo, tornam-se um traço saliente das relações sociais a que dão forma e expressão. As culturas pré-racionais dos trovadores se transformam em sociedades racionais nas quais as histórias são em primeiro lugar postas em questão e depois em parte desenvolvidas em teorias, por sua vez postas também em questão.

A história viria assim coincidir com a pura tradição cultural e narrativa. É difícil afirmar que não se trata de uma concepção historicista da história...

Para compreender uma posição filosófica específica é necessário estar em condições de colocá-la dentro de uma tradição, que significa pô-la sempre em relação com seus antecessores e muitas vezes na perspectiva de seus sucessores. A sua obtenção, ou pelo menos uma justificação racional, está em função da capacidade de transcender os limites e corrigir os erros dos antecessores, além de abrir novas possibilidades para os sucessores. Se a teoria filosófica falha, é justamente porque falha na obtenção desses objetivos fundamentais. Na filosofia moral, como em toda parte, a melhor teoria, ou aquela à qual devemos nosso respeito racional, é portanto a melhor teoria desenvolvida até agora, dentro da tradição particular em que estamos operando.

Daqui, porém, é fácil resvalar para uma forma de absoluto relativismo.

Pode acontecer que uma tradição de pensamento moral não tenha condições de florescer. Seus recursos podem revelar-se inadequados para resolver os problemas mais cruciais para as instâncias racionais. Seus conflitos, internos ou externos, podem minar aqueles acordos que tornavam possíveis a pesquisa e o debate colaborativo. Sua dissolução pode deixar uma sociedade sem os recursos adequados para reconstruir a sua moralidade, fazendo ao mesmo tempo emergir a necessidade de uma reconstrução com toda a urgência.

E é este o caso do Iluminismo europeu no fim do século XVIII?

Sim, precisamente. Em *Depois da virtude* eu afirmava que a falência do projeto iluminista representava a conseqüência da recusa mal posta, por parte da cultura quinhentista e seiscentista, daquela que eu chamo a "tradição das virtudes". Tal tradição nasce durante a transição de uma série de antigas formas de comunidade grega para a pólis ateniense do século V. Sucessivamente, ela implica a construção de uma teoria e de uma prática das virtudes em que Sócrates, Platão e Aristóteles representam referênciaschave. A tradição das virtudes é assim chamada para distinguir de um conceito central e compartilhado das virtudes, ao qual são atribuídos essencialmente três significados. Em primeiro lugar, as virtudes emergem como aquelas qualidades da mente e do caráter sem as quais não podem ser conseguidos os bens internos a práticas humanas como a arte e as ciências, além das atividades produtivas como a agricultura, a pesca e a arquitetura. Em segundo lugar, as virtudes representam aquelas qualidades sem as quais um indivíduo não pode conseguir uma vida ordenada, ou seja, aqueles bens que é o seu maior bem conseguir. Em terceiro lugar, enfim, estão as qualidades sem as quais não pode florescer uma comunidade com um adequado conceito do bem comum.

Do ponto de vista textual, o seu discurso de recuperação das virtudes, contra a idéia universalista da virtude no singular, está ancorado numa auctoritas *bem precisa...*

É verdade. Essa complexa visão das virtudes recebe de fato a sua formulação mais clássica no pensamento de Aristóteles, e mais precisamente, numa forma que requer não apenas uma justificação das teses centrais da sua filosofia moral e política, mas também a da metafísica que tais teses pressupõem. Esta última relação, entre virtude e metafísica, eu ainda não a tinha individualizado na época de *Depois da virtude*. O que eu compreendi claramente foi entretanto que a falência do projeto iluminista deixava abertas duas alternativas: de um lado, reconstruir a teoria e a prática moral do aristotelismo, explicando a falência do Iluminismo como sintoma da impossibilidade de descobrir qualquer justificação racional da moralidade. Portanto, interpretando o Iluminismo como confirmação da verdade da diagnose de Nietzsche; de outro, dar razão a Nietzsche. Daí o dilema: Aristóteles ou Nietzsche?

E por que não Nietzsche?

Por duas razões. Uma considera Nietzsche na perspectiva dos desenvolvimentos genealógicos do seu projeto filosófico, tal como foram reabertos por alguns de seus recentes prosélitos, entre os quais Gilles Deleuze e Michel Foucault. Embora não intencionalmente, eles puseram em questão a possibilidade de tornar tal projeto inteligível nos seus próprios termos. O resultado do desmascaramento dos outros, por parte do "genealogista", me parece ter-se tornado um autodesmascaramento dos próprios genealogistas. A outra razão que me sugere refutar Nietzsche por Aristóteles é, se assim posso dizer, "aristotélica". Ela reflete não somente a descoberta de que a história do meu desenvolvimento intelectual e moral podia ser escrita em termos aristotélicos, como também uma renovada tomada de consciência histórica. Em poucas palavras, a consciência de que naqueles debates medievais que reconstruíram a tradição aristotélica dentro de molduras hebraicas, islâmicas e cristãs, o aristotelismo progrediu independentemente das críticas externas, a ponto de emergir, na sua versão tomista, como o resumo do bem humano, das virtudes e das regras mais adequado do que qualquer outro com o qual tivesse estado em contato.

O senhor procura assim conciliar duas linhas de pensamento historicamente contrastantes: de um lado, a hipótese historicista e, de outro, a instância categorial aristotélica. A sua versão do historicismo enfatiza a idéia de que as teorias podem ser elaboradas e criticadas somente no contexto de determinadas tradições histórico-culturais. O aristotelismo, por outro lado, baseia-se no pressuposto de que as coisas são "fundadas" universalmente, e não a partir da contextualidade histórica de uma determinada tradição.

As afirmações lançadas do interior de qualquer tradição madura, sejam elas filosóficas, morais ou científicas, são geralmente afirmações de "verdade", ou formuladas de modo tal que cada um, proveniente de qualquer outra tradição, seja forçado a reconhecer como contribuição de genuíno conhecimento. As próprias atividades de pesquisa pressupõem um conceito forte de verdade. É óbvio então que a relação entre verdade e razão seja problemática, mas não é um tema específico do aristotelismo. Uma razão à qual alguns atribuem uma insuperável dificuldade reside no fato de que, se um conjunto de asserções ou uma teoria reivindica a "verdade", deve ser possível comparar os méritos de tal reivindicação com os méritos de reivindicações contrárias sobre o mesmo assunto. Mas se não existem os padrões para uma tradição independente e neutra de justificação racional, de tal modo que teorias contrárias que provenham de tradições diferentes possam ser consideradas por referência aos padrões internos à sua própria tradição, então parece impossível fornecer as condições de uma comparação. As teorias contrárias seriam assim incomensuráveis. Daqui se segue que qualquer forma de historicismo que relativize a justificação racional ao contexto de tradições particulares de pesquisa torna-se incompatível com um ponto de vista que, como o aristotelismo, afirma a verdade das suas conclusões.

E como o senhor contra-ataca essa linha argumentativa que parece impecável?

Como procurei demonstrar em *Justiça de quem? Qual racionalidade?*, o erro consiste em supor que se duas teorias contrárias satisfazem à condição de ser formuladas de modo a permanecer amplamente abertas à refutação, cada uma segundo o melhor modelo disponível na sua tradição, então é sempre possível que uma das duas leve a melhor sobre a outra ao satisfazer todos os desafios críticos que lhe são oferecidos. Mas o fato de que uma das duas falhe por causa da menor eficiência dos modelos da própria tradição não a torna por si mesma uma falência no que concerne

A filosofia americana

à obtenção de uma justificação racional. Nesse sentido, o aristotelismo falha em relação a partes-chave da sua física e biologia, enquanto considero que tenha sucesso ao reivindicar-se como metafísica, política, moral e teoria da pesquisa. Se for assim, ele demonstrou-se, pelo menos nestas áreas de investigação, não apenas como a melhor teoria até agora, mas a melhor teoria em relação ao que faz de uma teoria particular a melhor teoria. E é por isso que eu creio que seja essencial continuar numa chave aristotélica, pelo menos até que sejam fornecidas razões suficientes para mudar.

Penso que o senhor seja o único, no cenário da filosofia contemporânea, e sobretudo deste lado do Atlântico, a repropor o aristotelismo como perspectiva epistemológica. Como o senhor vive essa sua "excentricidade"?

Comecemos pelos pontos de discordância. Diferentemente de Davidson, por exemplo, creio que existem esquemas conceituais contrários e alternativos, sob certos aspectos intraduzíveis entre si, e que conceitos de racionalidade contrários e alternativos podem ser "de casa" em diversos esquemas conceituais. E ainda: diversamente de Rorty, creio que existem concepções da verdade e da justificação racional fortes e substanciais, neste caso conceitos aristotélicos e tomistas, que permanecem bem pouco atingidos pela sua crítica ao fundacionalismo epistemológico. Ao contrário, com Gadamer aprendi muitíssimo sobre a noção de tradição intelectual e moral. Sinto-me muito próximo de tudo aquilo que chega a Gadamer vindo de Aristóteles. O que lhe vem de Heidegger eu recuso. Creio que Heidegger não estava errado quando, embora brevemente, reconheceu a assonância entre seus pontos de vista e os do nacional-socialismo. Embora a crítica de Lukács a Heidegger fosse deformada pelas crueldades do stalinismo, penso que ela era substancialmente justa.

Também nisto o senhor assume então a defesa de uma voz marxista.

Nietzsche ou Aristóteles?

Uma crítica aristotélica da sociedade contemporânea deve poder reconhecer que os custos do desenvolvimento econômico são geralmente pagos pelos menos abastados; os benefícios são distribuídos de um modo que não tem nada a ver com os méritos. Ao mesmo tempo, a política de amplo espectro tornou-se estéril. As tentativas para reformar por dentro os vários sistemas políticos da modernidade se transformam sempre em formas de colaboração com esses mesmos sistemas. As tentativas de subvertê-los degeneram sempre em formas de terrorismo ou quase. O que permanece ainda vital é a política de construção e manutenção de comunidades de pequena escala, no nível da família, da vizinhança, do local de trabalho, da paróquia, da escola ou da clínica; aquelas comunidades dentro das quais ainda se encontram as necessidades primárias. Mas não sou adepto da sociedade comunitária. Não creio nos ideais ou nas formas de uma comunidade como panacéia para as doenças sociais contemporâneas. E portanto não pretendo atribuir às minhas visões políticas um programa de ação muito preciso.

Alguns críticos suspeitaram que as suas posições filosóficas mais recentes escondem uma reinserção do cristianismo, que são uma nova versão de teologia católica. Existe um fundo de verdade em tudo isso?

Não. É absolutamente falso tanto do ponto de vista biográfico como do que se pode intuir pela estrutura das minhas posições teóricas. Aquilo em que eu creio hoje, do ponto de vista filosófico, eu estou elaborando desde muito antes do momento em que reavaliei a verdade do cristianismo católico. E fui capaz de reagir positivamente ao ensinamento da Igreja justamente em razão do fato de que já tinha aprendido, pelo aristotelismo, não somente a natureza dos erros implícitos na minha recusa juvenil do cristianismo, como também interpretar a relação entre uma argumentação filosófica e a pesquisa teológica. A minha filosofia, como a de muitos aristotélicos, é teísta mas é também secular, no seu conteúdo e nas suas reivindicações, exatamente como qualquer outra.

A sua formação, o seu desenvolvimento intelectual e os seus atuais pontos de referência filosóficos parecem-me solidamente ancorados num passado europeu, senão continental, ligado às tradições e aos valores milenares do Velho Mundo. O seu amor pelo classicismo, a sua abordagem "hermenêutica" da tradição, a sua experiência da antiga cultura oral céltica, transmitida de boca em boca por milhares de gerações: o que tudo isso tem a ver com as "impermeabilidades", totalmente pós-modernas, do Novo Continente? A sua naturalização americana comportou uma ruptura com o passado?

Muito pelo contrário. Uma das grandes vantagens da América do Norte é que é uma nação na qual as diversas culturas se encontram e as diversas histórias têm a possibilidade de interagir. A América é um lugar em que, graças às perspectivas fornecidas por uma variedade de passados europeus, africanos e asiáticos, e naturalmente americanos indígenas, os conflitos entre as tradições e a modernidade liberal se impuseram com toda a sua inevitabilidade. Então, aquelas questões de filosofia moral que me dizem respeito mais de perto necessariamente assumem uma importância para as culturas da América do Norte que não lhe é atribuída em outro lugar. E só me dei conta plenamente da sua importância vivendo e trabalhando neste país.

Paradigmas da evolução científica

Thomas S. Kuhn

Quando Thomas S. Kuhn atravessou o Atlântico para tomar a palavra no Colóquio Internacional sobre a filosofia da ciência, junto ao Bedford College de Londres, não imaginava que a sua intervenção desencadearia um tumulto. Eram passados apenas três anos desde 1962, data da primeira publicação de *Estrutura das revoluções científicas*, e faltavam outros cinco para que, em 1970, angustiado pelos mal-entendidos e pelos "usos" impróprios das suas teorias, ele se decidisse a preparar um pós-escrito de respostas aos críticos.

Publicado na mesma coleção da *International Encyclopedia of Unified Sciences*, a vitrina editorial do Círculo de Viena e dos seus prosélitos, o livro de Kuhn entrou como cavalo de Tróia entre os muros do positivismo. Uma operação que bem reflete a sua querela contra os resíduos positivistas presentes no falsificacionismo de Karl Popper, aberta no Colóquio de Londres em 1965, e destinada a tornar-se, na Europa e na América, o tema central do debate em torno da filosofia da ciência durante os quinze anos sucessivos.

Nascido em Ohio em 1922, o jovem Kuhn adota muito logo o câmpus de Harvard como teto estável. Excetuando-se uma transferência temporária para Princeton, o seu destino é Cambridge, onde leciona atualmente no Massachusetts Institute of Technology.

No imediato pós-guerra, não tinha sequer concluído a tese de doutorado em física quando a ciência começou a abrir-se numa nova perspectiva histórica, minando, a seu ver, o fascínio da pura abordagem experimental. O seu primeiro livro, *A revolução copernicana*, saiu em 1957. Mas será somente no seguinte, *Estrutura das revoluções científicas*, que a angulação histórica assumirá a força de uma legítima tese epistemológica.

A oposição radical ao quadro positivista, em Kuhn, gira sobre a noção de "paradigma científico", indispensável à compreensão da parábola evolutiva da ciência. A atividade científica se distingue de fato pelo recurso de dois tipos de fases: a de "ciência normal" e a de "ruptura revolucionária".

A instauração da primeira, a fase normal, depende da imposição gradual de um sistema teórico mediante o consenso cada vez mais crescente da comunidade. De um período pré-paradigmático, conotado por uma acumulação caótica de fatos, a prática científica se normaliza em torno da instituição de um "paradigma", que representa uma mescla normativa de teoria e de método. Um amálgama, no qual se juntam um espectro de postulados teóricos, uma determinada visão do mundo, dos modos de transmissão dos conteúdos da ciência, além de uma série de técnicas de pesquisa. Durante esta fase normal, a função do cientista se limita à "solução de quebra-cabeças", ou seja, à solução de problemas cujo horizonte teórico é garantido pelo paradigma.

A certa altura, porém, a solidez do paradigma começa a rachar e a fase de ciência normal se transforma em fase de ruptura revolucionária. Durante este período de crise, são postos em discussão o método, as técnicas e as concepções teóricas do paradigma. Apresentam-se questões metafísicas e toda a rede dos valores epistemológicos gradualmente se transforma, até a instalação de uma nova fase de normalidade. A história da ciência é pontilhada desses exemplos: a transição do sistema aristotélico para o galileano e do ptolomaico para o copernicano, na astronomia, e a passagem da química do flogisto para a de Lavoisier são apenas os mais clássicos.

A descontinuidade, e não a continuidade, representa portanto, segundo Kuhn, a mola da evolução científica. E trata-se de uma descontinuidade radical, que inclui a própria possibilidade de comunicação entre paradigmas novos e paradigmas superados. Em diversos deles, afirma Kuhn, as mesmas palavras "significam" coisas diferentes; tão diferentes que os paradigmas devem ser considerados reciprocamente "incomensuráveis".

Esta incomensurabilidade é a tese que, a partir da publicação de *Estrutura das revoluções científicas*, e mais ainda depois do Colóquio de Londres, colocou Kuhn no primeiro plano como opositor do neopositivismo e de toda forma de pensamento que herdasse seus traços, incluindo o falsificacionismo de Popper. Para Kuhn, não existe de fato a unicidade de um "método científico": aos pesquisadores não é dada a possibilidade de confrontar seus resultados com "protocolos" universais de observação, como tinham pensado os neopositivistas, nem sequer com conjuntos popperianos de "asserções-base" às quais recorrer em qualquer momento da história. Não existe uma verdade absoluta que constitua a metade do caminho da ciência.

Tanto a prática como a verdade científicas, na visão pós-historicista de Kuhn, são fortemente dependentes de fatores histórico-sociais. A visão do cientista é plasmada *a priori* pelo seu engajamento em relação a um paradigma, que representa a sua formação, a base da sua comunicação com a coletividade científica que o circunda, e não por último, o pressuposto para a legitimação dos resultados que consegue.

Também na ciência, como em qualquer outro ramo do saber, é impossível falar em termos absolutos, assumir um vocabulário meta-histórico, universal e totalizante à luz do qual julgar os valores de verdade das teorias particulares. A visão do progresso científico como processo unidirecional está definitivamente arquivada.

Ter refutado de maneira tão radical o pressuposto de uma correspondência entre teoria e realidade fez cair sobre Kuhn uma chuva de acusações, que vão desde o relativismo, passando pelo sociologismo, até ao irracionalismo, que se apóia na tese sobre a incomensurabilidade dos paradigmas. Negando que o interesse primário da ciência seja o de descobrir a verdade no sentido absoluto, e afirmando pelo contrário que o seu raio de possibilidade se limita ao alcance histórico, Kuhn foi suspeito de querer fundar a ciência sobre bases irracionais, enquanto governadas pela contingência de instâncias puramente sociais para além de qualquer controle rigoroso. A esta pletora de discussões e de polêmicas, Kuhn respondeu procurando esclarecer a multidimensionalidade da noção de paradigma, num ensaio de 1974 intitulado "Second Thoughts on Paradigms" ["Reconsiderando os paradigmas"], e continuando de certo modo nas suas explorações dos momentos de descontinuidade histórica, como no mais recente volume, *Black Body Theory and Quantum Discontinuity 1894-1912* [*Teoria do corpo negro e descontinuidade quântica, 1894-1912*], publicado em 1979.

Desde quando saiu A estrutura das revoluções científicas, *em 1962, a sua obra foi interpretada mais freqüentemente como "história cultural" do pensamento científico do que como reflexão estritamente teórica sobre a ciência. Como o senhor se considera: mais um historiador ou um filósofo da ciência?*

Para responder a sua pergunta, preciso reconstruir um pouco o meu itinerário, bastante imprevisível e quase casual visto com olhos de hoje. Comecei como físico, concluí o doutorado e todo o *training* acadêmico. Mas quando se tratou de "ser cientista", começaram a assaltar-me dúvidas profundas sobre as razões da minha escolha. Naquela época eu só tinha tido contatos esporádicos com a filosofia. Talvez eu a tivesse estudado mais se não fosse a Segunda Guerra Mundial, durante a qual recordo que havia uma enorme pressão para empreender carreiras científicas, desde a física até a engenharia eletrônica, e uma intensa obra de dissuasão em relação às matérias humanísticas, incluindo a filosofia.

Deve ter havido porém um momento em que o senhor decidiu parar de vez com a física experimental.

Aconteceu por acaso quando eu estava para concluir a tese de doutorado em física. O então diretor da Harvard, John Connant, pediu-me para eu ser seu assistente num curso experimental: ciência para não cientistas. E pela primeira vez naquele curso utilizei os "casos históricos", alguns exemplos históricos de progresso científico. Esse foi meu primeiro encontro com a história da ciência. Um dos casos históricos que escolhi para analisar foi Galileu e a transição de Aristóteles para Newton. A ciência lida numa perspectiva histórica pareceu-me imediatamente muito diferente de como emergia dos textos de física ou de filosofia da ciência.

Naquela época, no imediato pós-guerra, qual era o panorama da filosofia da ciência na América?

Certamente não era costume utilizar os casos históricos. E de fato, mais do que como filósofo, impus-me como historiador da ciência, um campo em que, naqueles anos, não havia nenhuma forma de *training* "profissional".

A estrutura das revoluções científicas *pode então ser considerado o produto dessa fase de oscilação inicial, entre a história e a filosofia da ciência?*

Creio que sim, realmente. É um livro que me custou lágrimas e sangue, sobretudo em termos de tempo. Utilizei exemplos tirados da história da ciência, assim como da minha experiência como cientista. E como se não bastasse, durante todas as suas inúmeras redações, jamais abandonei a ambição de enfrentar completamente os desafios filosóficos que continha. Precisei de muito tempo para perceber que a transição para a filosofia pura me custaria muitos anos. Este não é um livro de história porque, desde o início, foi pensado como um livro dirigido a um público filosófico. Mas não é tampouco um livro de filosofia da ciência a pleno título. Enquanto o escrevia, esperava que se tornasse um livro importante, mas nunca imaginei que seria tão lido, e na verdade também mal lido... por um público tão diferenciado. Hoje talvez eu o catalogasse numa disciplina que na época nem sequer existia nos Estados Unidos: a sociologia do conhecimento. O passo decisivo veio mais tarde quando resolvi transferir-me para um Departamento de Filosofia. Naquela altura, eu procurava a identificação com a chamada "comunidade profissional".

O conceito de "comunidade profissional", que é muito semelhante ao de "comunidade científica", me leva à sua relação com a tradição americana. O senhor considera que o seu pensamento esteja de algum modo radicado na tradição filosófica dos Estados Unidos? E por tradição americana entendo aquela mais clássica, a do pragmatismo, que, com Charles Peirce e William James, elaborou pela primeira vez o vínculo entre verdade epistemológica e legitimação de uma teoria junto à "comunidade dos pesquisadores".

Como já disse, os meu início não foi filosófico e eu conhecia pouco a história da filosofia. Em *A estrutura das revoluções científicas* critico a tradição positivista, mas não tinha lido nem uma linha de Rudolf Carnap. E ainda hoje creio que foi um bem para mim, porque me permitiu entrar em contato apenas com as formulações mais maduras. Se tivesse seguido todas as elaborações intermediárias, sobretudo aquelas lançadas pela comunidade americana dos "filósofos profissionais", provavelmente teria escrito um livro muito diferente. Por outro lado, eu conhecia pouquíssimo do pragmatismo. Tinha lido um pouco de William James, mas o James de *The Varieties of Religious Experience* [*As variedades de experiência religiosa*] mais do que do *Pragmatism*. Tinha lido também um pouco de John Dewey sobre questões pedagógicas. Mas o pragmatismo como posição filosófica jamais me entusiasmou. A noção de verdade como fim do caminho, processo limitativo ou crença justificada e garantida por uma comunidade não me parece forte. Este é um dos pontos de discordância com Hilary Putnam, com o qual, sobre muito outros, o confronto é aberto e freqüentemente positivo.

Percebo que é uma pergunta difícil de responder: mas se a noção de "comunidade científica", tão central a toda a sua elaboração teórica sobre o conceito de progresso, não lhe deriva do pragmatismo americano, então de onde deriva?

O problema é que eu não me sinto, nem quanto à formação nem quanto ao programa teórico, como um produto específico de uma tradição americana, entendida como linha distinta e autônoma em relação àquela mais geralmente "inglesa". A ênfase sobre a "comunidade", que é certamente muito importante em *A estrutura das revoluções científicas*, ainda que muito crua, não existia no debate americano daqueles anos. Ao contrário, sempre esteve no centro da tradição empirista.

Antes de tocar no empirismo, eu queria explorar outra área de pensamento que poderia ser associada ao seu, ou seja, aquela linha de epis-

A filosofia americana

temologia francesa que vai de Gaston Bachelard a Michel Foucault. Cobrindo todo o século XX, essa linha elabora uma "apologia da descontinuidade". A verdade – científica para Bachelard, histórica para Foucault – não é o produto ou a conseqüência de um processo linear, mas antes brota daquelas coupures – fraturas, cortes, diferenças – que representam a inovação e a criatividade do desenvolvimento humano. O senhor não acha que na sua obra é possível encontrar um uso semelhante do conceito de descontinuidade?

Com efeito, o vínculo com a França sempre foi muito importante para mim, mas não precisamente pela filosofia mas pela história, e o personagem que me foi mais próximo foi sem dúvida o historiador Alexandre Koyré. Do ponto de vista filosófico admirei muito Emile Meyerson. Foi Karl Popper quem me falou dele pela primeira vez, quando veio a Harvard para as William James Lectures. Na época eu estava no centro da transição da ciência para a filosofia. Popper aconselhou-me a ler identidade e realidade de Meyerson. No fim das contas, porém, Meyerson também não me interessava tanto pela filosofia quanto por aquilo que a filosofia lhe tinha sugerido no uso dos exemplos históricos. Ele levava avante uma tradição pós-kantiana que convidava a ver os eventos históricos de modo transformativo. Embora eu jamais tenha conseguido sintonizar-me com nenhuma linha de onda kantiana, este aspecto específico me fascinava.

Karl Popper foi uma referência muito importante na sua evolução de filósofo. Como o senhor recorda o seu encontro com ele?

Encontrei-o no fim dos anos 40 na Society of Fellows de Harvard. Ele não estava muito contente sobre como tinham andado as William James Lectures: tinha insistido muito sobre a idéia de que as novas teorias englobam as anteriores. Recordo que desenhava um diagrama na lousa no qual cada teoria nova cobria tudo o que a velha cobria e mais ainda. Eu estava absolutamente convicto de que isso não seria possível, e que era até muito importante que não o fosse. Procurei mostrar-lhe isso. Mas o resultado mais importante da discussão foi para mim o seu conselho para ler Meyerson. Depois dessa vez, eu o vi ocasionalmente em Berkeley, onde eu lecionava com Paul Feyerabend.

A sua relação com Popper não foi, porém, sempre cordial... Quais são os pontos em que sua comunicação com ele tornou-se insustentável?

São vários. Não me é possível enumerar todos, mas um traço comum é seguramente a noção de "falsificabilidade lógica". Particularmente, não creio nos critérios de demarcação. Popper se congratulava freqüentemente comigo por ter chamado a atenção para a ciência normal, para depois entretanto insistir no fato de que não era absolutamente necessária. As revoluções chamam revoluções. "A ciência se revoluciona por toda a eternidade", costumava ele repetir. E com efeito parecíamos tão próximos nas nossas posições que era difícil perceber as diferenças que nos separavam.

Mas então o senhor se sente mais próximo de Popper ou daquela linha de epistemologia francesa que vai de Bachelard a Foucault?

Esclarecida a importância de Koyré na minha formação, não posso excluir que houve também influências não européias. Na realidade, o percurso foi do empirismo para a Europa e não viceversa. Nos anos da "transição" da história para a filosofia da ciência, lutei gradativamente para construir-me um itinerário que me levasse da originária posição empirista para um horizonte de referência mais "continental". Na preparação da minha viagem a Paris, lembro de ter lido Bachelard e ele me pareceu tão coincidente com as minhas idéias que... senti que não precisava ler muito mais. E hoje me dou conta do meu erro! No que diz respeito a Foucault, o discurso não é muito diferente: entre as poucas coisas suas que li estão *As palavras e as coisas*. Como desculpa, devo admitir que existe alguma coisa no modo de escrever dos franceses que para mim se tornou difícil lê-los. Um amigo, que a esse respeito sabia mais do que eu, uma vez me disse: "Estes textos, você deve ler depressa: não pense demais neles e deixe que eles fluam sobre você. O efeito você perceberá quando parar". Mas o problema é que a mim não agrada ler dessa maneira.

Esse conselho parece mais de um empirista do que de um especialista em filosofia francesa...

Sim, em certo sentido é isso mesmo. Passei muito tempo da minha vida lendo textos de física, e me habituei a ler qualquer texto procurando sopesar uma palavra de cada vez. O que significa procurar as engrenagens que não funcionam.

Eu queria concentrar a atenção mais um pouco sobre Foucault, com o qual o seu horizonte de pensamento foi muitas vezes associado, tanto na Europa como nos Estados Unidos. É bastante claro o vínculo entre a sua idéia da ciência como seqüência de paradigmas em evolução através de progressivos momentos de ruptura e a reconstrução arqueológica do conhecimento, em todas as suas relações com o poder e as instituições, proposta por Foucault. Ambas as visões, a sua e a de Foucault, caracterizam a descontinuidade como momento crucial do progresso histórico. Todavia, parece-me haver uma diferença entre ambos. Em duas palavras, enquanto Foucault pensa na descontinuidade sobretudo em termos do seu valor inovador e projetivo em relação ao futuro, o senhor considera as revoluções científicas em razão do seu valor de ruptura em relação ao passado.

Creio que se deve ver o progresso da ciência não como se fosse puxado por um objetivo futuro, mas como uma simples evolução de um ponto de partida, exatamente como as formas evolutivas do mundo biológico. Por isso, estou de acordo com a definição de *episteme* dada por Foucault, embora não esteja certo de que possa ser tão abrangente quanto ele queria que fosse. Em *As palavras e as coisas*, Foucault descobre que as palavras são usadas de maneiras diferentes e que se pode entender errado recuando no tempo. Esse é um ponto sobre o qual eu próprio insisti muitíssimo. Por outro lado, sempre suspeitei que em Foucault houvesse uma tendência destrutiva e que, em particular, se exprimia na maneira como se passa de uma *episteme* para outra. O processo evolutivo deve poder ser parte de uma história que enfatiza *episteme* e *coupures*. Ao contrário, Foucault afirma que as fraturas epistemológicas podem ser representadas mas não explicadas, no momento em que incorporam o "outro" como tal. A interpretação desta alteridade constitui o engajamento político de Foucault, que eu jamais compartilhei. Para Foucault, era menos essencial compreender como nos deslocamos de um ponto para outro da *episteme*, do que dizer para onde estamos indo.

Desse modo o senhor não restitui centralidade ao modelo biológico numa espécie de "novo organicismo"?

Se o processo for impulsionado de trás, é preciso saber dar uma resposta não apenas quanto à direção que ele toma, mas também uma explicação a respeito de todos os estágios particulares que determinam a sua evolução. Ao contrário, se for arrastado por uma força que está na frente, como no caso de Foucault, não é mais necessário "compreender" o processo, tampouco as mudanças da qual depende o seu progresso, que se tornam secundárias...

Sobretudo no campo específico, o senhor foi um dos primeiros a confrontar-se com a noção de "incomensurabilidade". Um conceito-chave, principalmente em relação à temática do "outro".

O conceito de incomensurabilidade tornou-se progressivamente mais importante para todo o meu trabalho. Não há texto meu recente que não possa ser lido como a tentativa de explicar as razões da incomensurabilidade e do seu funcionamento. Hoje, tendo a colocar ênfase sobre o seu componente lingüístico. Cada vez mais freqüentemente refiro-me à incomensurabilidade como intraduzibilidade.

Intuitivamente o vínculo é claro: mas poderia dar um exemplo?

As palavras que pronuncio neste instante são intraduzíveis, ainda que delas existam variadas traduções. O problema permanece a utilização dos conceitos. Existem casos em que não conseguimos reconstruir a trama do sentido se não nos convencermos de que uma parte da língua não pode ser traduzida. Para esse fim, deve-se aprender a parte da língua que é utilizada no texto, e depois falá-la, ensiná-la aos outros e começar a falá-la com eles. É preciso mudar o ponto de partida conceitual. Quando discuto o tema do Movimento, da Matéria e do Vácuo, de Aristóteles, essas são palavras que ainda existem na linguagem contemporânea mas não significam a mesma coisa. É indispensável então ensinar o antigo uso, assim como o nexo entre o antigo e o mais recente. Em seguida, depois de aproximar corretamente o significado das palavras, utilizá-las para explicar os objetivos de Aristóteles. Cada vez mais enfatizo a diferença que há entre aprender uma nova língua, ou parte de uma língua ordenada, e traduzir dessa língua para outra, mais antiga e agora obsoleta. Muitas vezes é possível aprender línguas que não podem ser traduzidas completamente na nossa própria.

Dessa maneira, o senhor propõe o conhecimento como capacidade de contextualizar todo vocabulário científico particular segundo uma visão cultural apropriada. Mas qual é a língua em que afirma essa exigência? Quero dizer: existe uma "língua franca" na qual é possível traduzir todos os vocábulos específicos? Poderia ser a história? Se fosse assim, o senhor aceitaria ser considerado um neo-historicista?

Eu queria restringir a noção de tradução. Tomemos, por exemplo, aquela originariamente formulada por Quine, na qual a tradução aparece como uma espécie de processo mecânico governado por um "manual", que nos permite operar substituições de um conjunto de palavras pertencentes a uma língua para outro conjunto de palavras pertencentes a uma segunda língua. Creio que esta é uma forma de tradução impossível, porque não pode ser indiferentemente operada em muitos casos. Pode ser aplicada a amplas partes do texto, mas não ao texto entendido na sua globalidade. Essa é a minha resposta ao problema do historicismo. E seria a mesma resposta que eu daria no caso em que me perguntasse se a poesia pode ser traduzida. Existem nuanças e associações sobre as quais se baseia o texto poético que não é possível traduzir, mas apenas sugerir.

Mas a ciência e a poesia têm diferentes estatutos de verdade.

Na medida em que as generalizações científicas por sua própria natureza dependem de manter a precisão, quando se possui uma generalização universal traduzida numa língua que funciona em 80% das vezes, significa então que a ciência se perdeu no meio do caminho. Do mesmo modo que se perderiam os verbos e a própria poesia, quando esta fosse traduzida numa língua capaz de conservar o significado literal mas não o figurado. Se confiarmos na tradução levando em conta apenas o vocabulário contemporâneo, jamais seremos capazes de compreender os textos científicos do passado. Haverá sempre partes que faltam. O tipo de história que se costumava produzir a partir dessas traduções era exatamente aquilo que estabelecia o que as pessoas conheciam ou não conheciam. Numa palavra, era o tipo de história que decretava a ciência como disciplina "cumulativa". O que significa, de um lado, ler qualquer texto do passado como se apontasse para o presente, ou para os resultados que aquele que a escreve já aprendeu durante a sua formação, e, de outro, deixar passar em silêncio que toda a operação pressupõe um conhecimento dos conceitos modernos e a tentativa de ler os antigos como aproximações.

E para qual tipo de história o senhor propende: talvez para uma multiplicidade de histórias "locais", não necessariamente coordenadas?

Não quero pensar a história como uma língua própria. A história é escrita "em uma língua", e às vezes as melhores histórias são aquelas que começam preparando o terreno, desenhando sua moldura, procurando persuadir que suas próprias convicções são plausíveis, indicando as coisas em que as pessoas acreditam. Depois, com o passar do tempo, avança-se "observando" a língua e grande parte do que é permitido fazer consiste justamente em observar a mudança da língua.

Mas se não nos é dado compreender completamente um velho paradigma, porque não possuímos uma língua franca (seja ela a história, a razão ou a verdade) na qual todos os vocábulos possam ser traduzidos, como é possível obter uma compreensão completa de um novo paradigma? Em outras palavras: o problema da intraduzibilidade não diz respeito apenas ao passado, mas também à comunicação entre diferentes teorias no presente. Não é apenas um problema histórico, mas de sociologia da cultura. Como é possível legitimar uma nova verdade se não se possui um plano de verificação unitário sobre o qual confrontar os valores de verdade propostos pelas teorias particulares?

Eu porém não disse que não se pode compreender o passado quando se reformula o seu significado no vocabulário de uso contemporâneo. Não se pode compreendê-lo sem aprender as línguas em que foi formulado, que poderiam simplesmente coincidir com uma versão mais antiga do inglês científico. Eu considero que se pode compreender o passado, tanto é verdade que se estabelecem contatos sem ser capaz de captar, na plenitude de sentido, os termos em que foi escrito... Em *A estrutura das revoluções científicas* passo muito rapidamente da experiência do historiador que olha para o passado e a do cientista que avança para o futuro. A única diferença para mim era que o tempo se movia em direções opostas. E está errado, porque, desse modo, deixa-se de fora grande quantidade de material que é indispensável para chegar ao velho texto. Pode ter havido muitas *coupures*, fraturas e cortes ao longo do caminho. Mas em linha geral, quando se observam as primeiras versões de uma nova teoria, por exemplo a teoria de Copérnico ou de Einstein, assiste-se sempre a uma promiscuidade no uso de algumas palavras, usadas em parte da maneira nova e em parte da maneira velha.

Hoje, porém, como o senhor vê a diferença entre a perspectiva do historiador e a do cientista?

Penso que os passos à frente, em todas as direções, se fazem muito por via metafórica: aquilo que é inicialmente afirmado em sentido metafórico mais tarde se torna literal. Há um período de comunicação em que uma pessoa fala a velha linguagem literal e a outra fala a nova linguagem literal. As duas pessoas, nesse caso, comunicam-se parcialmente. Aquilo que conseguem dizer-se é devido ao uso de metáforas. Durante essa fase não se dissipam os mal-entendidos: a comunicação é incompleta mas não impossível. É o momento da verificação experimental. As pessoas são convencidas a ir ao laboratório, observar o que se faz e discutir a respeito. Essa é uma das maneiras como se aprende uma nova língua.

O senhor julga que identificar toda a questão da intraduzibilidade dos vocabulários científicos produzirá um efeito prático sobre a futura evolução da ciência?

Por que em vez de usar o termo "tradução" não usamos a expressão *aprendizagem da linguagem*, ou os processos de aprendizado de uma língua? Explico com um exemplo. Existe um certo grupo de termos relacionados entre si que parecem ocorrer dentro de segmentos de textos cujo sentido não é facilmente identificável. Após infinitas tentativas, percebemos que se "usamos" essas palavras, que não estamos habituados a usar, emerge repentinamente o significado da passagem que parecia incompreensível. Não obstante, encontramo-nos na impossibilidade de exprimir este novo significado na língua de uso contemporâneo. É preciso então, mediante aquilo que se descobriu, ensinar as outras pessoas a comunicar-se daquela nova maneira. É por isso que afirmo que compreensão, e portanto o conhecimento, implica os processos de *language learning* e não podem ser reduzidos à tradução, mesmo depois que se adquiriu o domínio de todas as línguas em questão. Também nesse ponto, com efeito, não creio que se possa ir para a frente e para trás mecanicamente. Não é possível incorporar outras línguas à sua própria e utilizá-las de maneira intercambiável. Se alguém quiser falar com um vocabulário aristotélico, tudo bem, mas não pode, na frase seguinte, usar as mesmas palavras no seu correspondente significado newtoniano.

Como é possível construir uma metodologia de language learning *se não se reconhece a universalidade de uma língua?*

É necessário primeiramente identificar as áreas de sentido comum, que são muitas e muito extensas. Mas não existem regras. Normalmente, as áreas de que podemos estar mais seguros são aquelas que envolvem as observações cotidianas. E no entanto isso não significa que nelas as palavras se encaixam. Mais simplesmente, esses são os lugares onde é mais provável descobrir, procurando ler ou conversar, quais termos funcionam e quais não funcionam. Termos para descrever emoções ou altos níveis de teoria científica é muito improvável que funcionem quando traduzidos de uma língua para outra. Não podem ser reduzidos a um vocabulário mais elementar. A única alternativa é descobri-los, tentando estabelecer um diálogo com o texto ou com o grupo que fala.

Dizendo isso, o senhor afirma que é a comunidade científica que legitima o sucesso ou o insucesso da tradução, ou language learning. *Mas centralizando desse modo a noção de "comunidade", voltamos de novo ao pragmatismo americano.*

Aprender (*learning*) não significa traduzir de outras línguas para a sua própria, mas antes usar novas línguas. Aprender uma língua significa aprender a ser como um falante nativo, em línguas que não são a sua própria, mesmo não sabendo traduzir de uma para outra.

Se é melhor dizer processos de language learning *em vez de tradução, o que acontece com a "intraduzibilidade"?*

Não é que não se possa fazer uma tradução aproximativa. Mas em nível de aproximação, as generalizações que se estão traduzindo são inúteis do ponto de vista científico. Somente quando se intui o modo preciso em que foram utilizadas, somente então se começa a ver como as generalizações funcionam em matéria científica. O paralelo com a literatura, e em particular com a poesia e o teatro, baseia-se justamente nisto: nas nuanças de significado das palavras que vão além do imediatismo referencial.

Parece-me que o senhor estende a sua abordagem lingüística a toda a prática científica. Deste ponto de vista, qual tipo de referencialidade o senhor ainda reconhece na linguagem? Se todo o universo, na sua extensão física e histórica, torna-se parte de um sistema lingüístico imanente, o que resta, como dizem os desconstrucionistas, "fora do texto"?

Particularmente, creio ainda na referencialidade da linguagem. Na experiência, existe sempre um resíduo de correspondência que nos diz se foi utilizada para afirmar proposições verdadeiras ou falsas. Por um lado, estou profundamente convicto da teoria da verdade como correspondência. Por outro lado, considero que existe uma forma de correspondência bastante superficial. Em *A estrutura das revoluções científicas* falei da mudança das palavras e das mudanças dos paradigmas, e embora desejasse exprimir o conceito de maneira mais sofisticada, ainda creio nele.

Deste ponto de vista, como o senhor descreveria a evolução do seu pensamento?

Eu a definiria nos termos de uma crescente ênfase sobre a linguagem, que cada vez mais exerce o papel que em *A estrutura das revoluções científicas* era exercido pelas mudanças gestálticas. Naquele primeiro livro, ocupei-me muito das mudanças de significado (*meaning changings*). Agora falo mais em termos de referência (*referring-terms*), fornecendo a cada um deles uma taxonomia. E também as mudanças que têm a ver com a incomensurabilidade, eu as interpreto como mudanças taxionômicas. Porque apenas as taxionomias são comensuráveis entre si.

O que o senhor entende exatamente por "taxionomia"? Em que nível as taxionomias são comensuráveis?

O que constitui os aspectos taxionômicos da linguagem é um modo complexo e correlato de categorização, parcialmente inato e parcialmente aprendido.

A taxionomia poderia então ser considerada um sinônimo de paradigma científico, que, a partir do seu primeiro livro, é a expressão com que o senhor define os vários sistemas do conhecimento científico que vão se sucedendo na história?

Creio que eu não usaria mais o termo paradigma num sentido tão amplo.

De que modo a sua teoria paradigmática incide sobre a responsabilidade ética da ciência?

Se tivesse que reescrever *A estrutura das revoluções científicas*, um conceito sobre o qual eu insistiria muito mais é o de quebra-cabeças, a solução de enigmas. Os cientistas são preparados para resolver enigmas e há uma boa dose de ideologia envolvida nessa operação. Devem ser encontrados cada vez mais enigmas e soluções cada vez mais precisas para velhas questões. O objetivo da ciência não se coloca no nível metafísico mais alto. É um objetivo que não coincide com a descoberta de como a natureza efetivamente é, mas sim com os desafios que os cientistas se lançam de geração em geração. A empresa científica tem um objetivo, mas ele não está lá fora, na natureza, mas aqui dentro, na ciência.

O senhor quer dizer que o objetivo da ciência é justamente a negação do limite. Os limites não são imanentes à própria prática científica?

Dou um exemplo: chega-se cada vez mais perto de como as coisas realmente são. Como é possível estabelecer limites a esse processo? É como dizer que a humanidade estaria muito melhor sem toda uma série de coisas, cuja existência não se conhecesse. Mas a isso o cientista responde que a verdade não pode prejudicar. Não creio que o discurso possa ser muito diferente para as grandes questões éticas que você mencionava. Na Itália eu fui rotulado como um "epistemólogo", um rótulo que está em uso na Europa, mas que nos Estados Unidos não significa muita coisa. Talvez nós americanos tenhamos uma visão mais restrita da filosofia da ciência, e não quero dizer que as grandes interrogações éticas permaneçam fora dela, mas, particularmente, mesmo me sentindo um filósofo da ciência bem realizado, não creio ter dado nenhuma contribuição particular para resolvê-las. Popper disse certa vez que pelo menos uma grande invenção não era previsível e não o teria sido por ninguém: a invenção da roda. Isso para dizer que não é possível prever a próxima descoberta científica.

Índice onomástico

Adorno, Theodor
  Wiesengrund, 89, 115, 168,
  172, 184
Anaximandro, 59
Anaxímenes, 59
Apel, Karl Otto, 89, 91
Arendt, Hannah, 168, 172
Aristóteles, 132, 189, 192, 194,
  202-3, 206, 213, 220
Austin, John Langshaw, 16, 39,
  56, 68, 85, 96, 167, 176-8,
  183, 186, 190

Bachelard, Gaston, 216-7
Bakunin, Mikhail
  Alexandrovic, 116
Balthasar, Hans Urs von, 195
Barth, Karl, 195
Baudrillard, Jean, 137
Bellow, Saul, 170
Benjamin, Walter, 89
Berkeley, George, 48

Bernstein, Richard Jay, 14 n.2, 16
Bloch, Ernest, 169
Bloom, Harold, 14 n.2, 24, 94, 181
Boltzmann, Ludwig, 196
Bonomi, Andrea, 26 n.10
Boole, George, 47
Borges, Jorge Luis, 118-9
Borradori, Giovanna, 25 n.9
Bouveresse, Jacques, 87
Buber, Martin, 186

Cage, John, 185
Cantor, Georg, 18
Carnap, Rudolph, 17, 21, 26, 44-6,
  48-51, 55-8, 62, 67-8, 85-6,
  149-50, 163, 167, 172, 215
Carneade, 38
Cavell, Stanley, 9
Cervantes Saavedra,
  Miguel de, 162
Cézanne, Paul, 135
Chamberlain, Arthur Neville, 51

Chomsky, Noam, 16
Chuan-Tze, 140
Church, Alonzo, 19, 47
Collingwood, Robin George, 192, 200
Connant, John, 213
Copérnico, 223
Croce, Benedetto, 134, 151

Dante Alighieri, 161
Danto, Arthur C., 10, 12, 14 n.2, 16, 33-6, 123-6
Darwin, Charles Robert, 148
Davidson, Donald, 10, 12, 14 n.2, 15, 26 n.10, 30-1, 36, 57, 61-3, 66, 71, 83, 118, 128, 133, 146, 149, 206
De Kooning, Willem, 135
Deleuze, Gilles, 22, 131, 156, 204
Derrida, Jacques, 22, 24, 87-90, 95, 119, 131, 142-3, 148, 155, 159
Descartes, René, 73-4, 132, 151
Dewey, John, 18, 21, 25, 27, 29, 36, 38, 48, 65, 71-4, 85, 91, 95, 129, 145, 148-50, 153, 163, 173, 177, 215
Dickens, Charles, 134
Diderot, Denis, 134
Duchamp, Marcel, 136-7
Dufrenne, Mikel, 15 n.3
Duhem, Pierre, 55
Dworkin, Ronald, 16 n.4

Eco, Umberto, 10, 26 n.10
Edie, James M., 15 n.3
Einstein, Albert, 20, 50, 57, 223
Emerson, Ralph Waldo, 21, 25, 37, 38, 115, 140, 152, 166, 168, 171, 178, 180-1, 184-7

Feigl, Herbert, 17, 85
Feuerbach, Ludwig, 93
Feyerabend, Paul, 16, 163, 217
Fodor, Jerry, 16
Foucault, Michel, 22, 109, 142, 155-6, 164, 166, 199, 204, 216-9
Fourier, Charles, 102, 116
Frank, Philip, 50, 57
Frassen, Bas van, 16, 26 n.10
Frege, Friedrich Ludwig Gottlob, 18, 20, 183
Freud, Sigmund, 37, 85, 97, 146, 169, 175, 179

Gadamer, Hans George, 19 n.5, 24, 131, 152, 155, 194, 206
Galilei, Galileu, 90, 213
Gandhi, Mohandas Karamchand, 180
Gargani, Aldo Giorgio, 10, 13 n.1
Gass, William, 181
Gentile, Giovanni, 151
Gibbson, Roger, 57
Gödel, Kurt, 47, 50
Goethe, Johann Wolfgang, 11
Goodman, Nelson, 16, 28, 57, 97, 116, 128

Habermas, Jürgen, 22, 40 n.12, 79, 82, 84, 87-9, 91-2, 155, 157
Hacking, Ian, 14 n.2, 16
Harari, Josué, 13 n.1
Hartman, Geoffrey, 24, 143
Hassan, Ihab, 23 n.7
Hawks, Howard, 174
Hawthorne, Nathaniel, 185
Hegel, Georg Wilhelm Friedrich, 15, 20, 37, 96, 137, 139, 146, 148, 151, 159, 162, 173, 184

Índice onomástico

Heidegger, Martin, 14, 22 n.6, 24, 37, 96, 146, 148, 150, 152, 154-5, 162, 179, 187, 194, 206
Heisenberg, Werner, 20
Hempel, Carl, 17, 68, 102, 110, 149-50, 167, 172
Hitler, Adolf, 87, 93
Hölderlin, Friedrich, 179
Hook, Sidney, 153
Hume, David, 38, 48
Husserl, Edmund, 15 n.3, 53
Huyssen, Andreas, 19 n.5
Hyppolite, Jean, 15 n.3

James, Henry, 185
James, William, 17, 25, 29, 32, 36, 48, 83, 89-91, 95, 214-7
Jameson, Fredric, 24, 157

Kant, Immanuel, 20, 65, 84, 97, 132, 148, 159, 184, 193
Kennedy, Robert, 180
Kierkegaard, Søren, 84, 98-9, 162, 186
King, Martin Luther, 154, 180
Kissinger, Henry, 178
Kolakowski, L., 163
Kojève, Alexandre, 139
Koyré, Alexandre, 216, 217
Kripke, Saul, 16
Kuhn, Thomas S., 10, 12, 26, 30, 39-41, 117, 163, 199, 209-12

Lacan, Jacques, 142
Lacoue-Labarthe, Philippe, 142
Lenin, Nikolaj (Vladimir Ilic Uljanov), 163
LePore, Ernest, 26 n.10
Levinas, Emmanuel, 19 n.5, 94

Lévy-Strauss, Claude, 142
Lewis, Clarence Irving, 19, 29, 48, 63-7, 73, 193
Lichtenstein, Roy, 126, 135
Lippi, Filippo, 135
Locke, John, 48
Lukács, Georg, 206
Lyotard, Jean-Francois, 30, 91, 131, 152, 156

Mach, Ernst, 56
MacIntyre, Alasdair, 9, 12, 16, 32, 34, 39-42, 189-92
MacKinsey, J.-J. C., 69
Malcolm, Norman, 126
Man, Paul de, 24, 143, 160
Marcuse, Herbert, 101, 130, 155
Margolis, Joseph, 16
Marx, Karl, 84, 89, 96-7, 151, 156-7, 163, 201
Masaccio, Tommaso, 135
Maxwell, James Clerk, 196
Mead, George Herbert, 72
Melville, Herman, 59, 184-5
Merleau-Ponty, Maurice, 15 n.3
Meyerson, Emile, 216
Milhaud, G., 55
Mill, John Stuart, 193
Miller, Jay Hillis, 24, 143
Mistretta, Enrico, 10, 26 n.10
Mondadori, Marco, 26 n.10
Montaigne, Michel de, 38, 117
Morris, Charles, 21
Motherwell, Robert, 126
Nagel, Thomas, 14 n.2, 16 n.4, 40 n.12
Nancy, Jean-Luc, 142-3
Neurath, Otto, 17, 21
Nevelson, Louise, 136
Newton, Isaac, 90, 213

Nietzsche, Friedrich Wilhelm, 14, 37, 41, 146, 151-2, 159, 162, 180-1, 191, 200, 203-4
Nozick, Robert, 9, 12, 16, 34-5, 101-4

Oldenburg, Charles, 135

Paci, Enzo, 15 n.3, 49
Parsons, Talcott, 18
Peano, Giuseppe, 47
Peirce, Charles Sanders, 17-8, 25, 36, 48, 63, 65, 89-91, 95, 197, 214
Perniola, Mario, 13 n.1
Pirrone, 38
Platão, 61, 64, 120, 132, 151, 159-61, 191, 193, 202
Poe, Edgar Allan, 58
Poincaré, Jules-Henri, 55
Pollock, Jackson, 135
Popper, Karl, 151, 197, 209, 211, 216, 228
Putnam, Hilary, 9, 12, 14 n.2, 15, 26 n.10, 30-6, 57, 81-4, 215

Quine, Willard van Orman, 9, 12, 15, 18-9, 26-7, 26 n.10, 28-32, 36, 43-6, 61-2, 64-6, 70, 73, 79, 83, 118, 128, 146, 149, 221

Rajchman, John, 14 n.2
Rauschenberg, Robert, 126, 135-6
Rawls, John, 14 n.2, 16 e n.4, 30 n.12, 101, 161
Reich, Wilhelm, 130
Reichenbach, Hans, 17-8, 25, 44, 66, 85-6, 150, 163, 167, 172

Roosevelt, Franklin Delano, 18
Rorty, Richard, 9, 12, 14 n.2, 16, 24, 26, 29-30, 32, 36-8, 40 n.12, 42, 62, 63, 66, 72-3, 86, 89-90, 117, 129, 131, 145-8, 206
Rosenberg, Harold, 137
Rosenfeld, Isaac, 170
Rossi, Paolo, 26 n.10
Rousseau, Jean-Jacques, 84
Rovatti, Pier Aldo, 13 n.1
Royce, Josiah, 152
Russell, Bertrand, 18, 20, 44, 46-8, 51, 56, 64, 68, 128
Ryle, Gilbert, 68, 85, 126

Said, Edward W., 24
Sallis, John, 15 n.3
Santambrogio, Marco, 26 n.10
Santayana, George, 152
Sardon, George, 48
Sartre, Jean-Paul, 87, 158
Saussure, Ferdinand de, 88
Scanlon, T. M., 14 n.2, 16 n.4, 40 n.12
Schlick, Moritz, 18-9, 26, 44, 50, 58
Schönberg, Arnold, 181, 184
Schwartz, Ben, 94
Searle, John, 16
Sellars, Wilfred, 85
Skinner, Burrhus Frederick, 18, 29, 46, 54
Silverman, Hughes, 15 n.3
Sócrates, 115, 162, 191, 202
Stalin, 93, 163
Steiner, Franz, 197
Stevenson, Louis, 119
Stravinsky, Igor, 184
Strawson, Peter Frederick, 56, 68

Stroud, Barry, 16, 27
Suppes, Patrick, 69

Tales de Mileto, 59
Tarski, Alfred, 44, 48, 51, 69, 150
Thomas de Erfurt, 193
Thomson, George, 193
Thoreau, Henry-David, 37, 102, 115, 152, 154, 166, 168, 178-81, 184-7
Tocqueville, Charles-Alexis Clerel de, 11-3
Aquino, 150-1, 191, 194
Trilling, Lionel, 170

Unger, Roberto, 16 n.4, 40 n.12
Valéry, Paul, 158
Vattimo, Gianni, 13 n.1, 155
Vico, Giambattista, 40, 192, 201
Virilio, Paul, 156
Voltaire (François-Marie Arouet), 162

Walzer, Michael, 16 n.4
Warhol, Andy, 126-7, 135-7
Warshaw, Robert, 170
Watson, John Broadus, 53
Weissman, Friedrich, 50
Wellek, René, 23 n.8
West, Cornel, 14 n.2, 152
White, Hayden, 23 n.7
Whitehead, Alfred North, 18-20, 43-4, 46, 61, 64
Whitman, Walt, 154
Wimsatt, William K., 23 n.8
Winckelmann, Johann Joachim, 11
Wittgenstein, Ludwig, 16, 18, 39, 56, 68, 84, 91, 95-6, 99, 128, 146-7, 149, 167, 177-9, 183, 186, 190, 195
Wolin, Sheldon S., 14 n.2, 16 n.4, 40 n.12
Woodward, Cathleen, 23 n.7

SOBRE O LIVRO

Formato: 14 x 21 cm
Mancha: 23 x 44,5 paicas
Tipologia: Iowan Old Style 10/14
Papel: Offset 75 g/m² (miolo)
Cartão Supremo 250 g/m² (capa)
1ª edição: 2003

EQUIPE DE REALIZAÇÃO

Coordenação Geral
Sidnei Simonelli

Produção Gráfica
Anderson Nobara

Edição de Texto
Nelson Luís Barbosa (Assistente Editorial)
Maysa Monção (Preparação de Original)
Fábio Gonçalves e
Nelson Luís Barbosa (Revisão)

Editoração Eletrônica
Lourdes Guacira da Silva Simonelli (Supervisão)
Plano Editoração (Diagramação)

Impressão e Acabamento
na Gráfica Imprensa da Fé